Andreas Kienzl

Ein Esel, wer nicht lacht

Wie Sie die heitere Seite Ihres Lebens finden

Mit Zeichnungen
von Herbert Loserl

UEBERREUTER

Für Philipp und Nikolaus, die ich liebe,
weil sie genau so sind, wie sie sind!

ISBN 3-8000-7101-0

Covergestaltung: Maria Schuster nach einer Idee
von Andreas Kienzl
Coverfoto: © blickwinkel/O. Giehl

Druck: Druckerei Theiss, A-9431 St. Stefan i. L.
3 5 7 6 4 2

Ueberreuter im Internet: www.ueberreuter.at

Inhalt

»Der Heitere ist Meister seiner Seele«
(Shakespeare)

Einleitung

Es war an meinem Geburtstag, ich erinnere mich sehr gut, obwohl es mehr als 20 Jahre her ist, als mir meine Tante Gretl ein Buch geschenkt hat. Und sie sagte bei der Überreichung mit einem Schmunzeln: »Das passt genau zu dir.« Ich erinnere mich deshalb so gut daran, weil gerade dieses Geschenk mein Leben nachhaltig beeinflusst hat, und das ohne Zweifel bis zum heutigen Tag: »Heiterkeit auf Lebenszeit«, geschrieben von Hugo Wiener, heißt dieses herrliche Buch, aus dem ich dann auch sogleich vorzulesen begonnen habe, was tatsächlich zu wahren Lachsalven der anwesenden Gratulanten geführt hat. Sie kennen das ganz genau: Es entsteht plötzlich eine Begeisterung, eine Fröhlichkeit, die sich so nach und nach aufschaukelt, und jedes weitere Wort führt unweigerlich zu Lachkrämpfen und fast nichts auf der Welt, außer die wohltuende Erschöpfung aller Beteiligten, ist in der Lage, so einen Anfall dann auch wieder zu stoppen.

Als die Stimmung auf ihren Höhepunkt zusteuerte, bemerkte Tante Gretl laut lachend: **»Ein Esel, wer nicht lacht.«** Und seither ist das nicht nur ein geflügeltes Wort, sondern ein bewusstes Lebensprinzip von mir, das ich daher auch zu meinem Beruf und zum Titel meines Buches gemacht habe.

Als Humortherapeut und Diplom-Lebensberater, der sich auf eine lösungsorientierte Kurzzeittherapie, die »Salutogenetische Humortherapie« (s. S. 91), spezialisiert hat, weiß ich aber auch sehr genau: Eigentlich gibt es gar keine Heiterkeit auf Lebenszeit. Oder waren Sie heiter, als Sie Ihren Job verloren haben? Haben Sie sich gefreut, als Sie gestern die Nachrichten angeschaut haben? Haben Sie gelacht, als Sie verlassen wurden? Nein! Und warum nicht? Weil das fürwahr alles keine Gründe sind, um heiter zu sein, und ich könnte Ihnen dafür noch viele solcher Möglichkeiten anbieten – und Sie mir auch.

Es gibt aber eine »Heiterkeit von Zeit zu Zeit« und auch dafür unendlich viele Gelegenheiten und so paradox das klingen mag: Auch in den schwierigsten Phasen des Lebens kann es durchaus auch komische Momente geben. Wir müssen sie nur wahrnehmen und uns gerade dann einlassen auf das, was der Seele so gut tut, nämlich die guten Gefühle.

Niedergeschlagenheit und Zuversicht liegen oft sehr nahe beieinander. Humor ist das »Schmiermittel« im Spannungsfeld von Gelassenheit und Seelennot. Daher ist der Blick für die komische Seite der freudlosen Dinge so enorm wichtig, denn ohne diesen Blick wäre das Leben oft nicht auszuhalten. **»Humor ist einfach eine komische Art, ernst zu sein.«** (Sir Peter Ustinov)

Und diese »komische Art, ernst zu sein« fällt sehr vielen Menschen zunehmend schwerer. Nach jeder meiner Fernseh- oder Radiosendungen bin ich immer für die Zusehe-

rinnen und Zuhörer am Telefon erreichbar und ich habe in diesen vielen Gesprächen die Ängste und Sorgen der Menschen auch aus dem ungeschminkten Blickwinkel der Anonymität kennen gelernt.
Und psychische Probleme nehmen kontinuierlich zu. Die Zahlen sprechen eine deutliche Sprache. Bis zu 75 Prozent aller Arztbesuche stehen in Zusammenhang mit negativem Stress. Die Zahl der Verschreibungen von Antidepressiva und Beruhigungsmitteln ist in den vergangenen zehn Jahren stark angestiegen. Alkohol spielt für immer mehr Menschen eine »entlastende« Rolle, um mit Stress, Angst oder Depressionen besser fertig zu werden – was die Sache auf Dauer bekanntlich nur noch schlimmer macht.
Es gibt aber einen wirksamen Ausweg, um wieder mehr Freude am Leben zu haben, um auch die bedrückenden und dunklen Seiten des Daseins und den ganz normalen Alltagsfrust besser zu bewältigen, nämlich: eine heitere, gelassene Lebenseinstellung. **»Der Mensch kann sein Leid weglächeln; durch Schreien vervielfacht er es.«** (Mahatma Gandhi) Und diese gelassene Lebenseinstellung stärkt nicht nur Ihr »psychisches Immunsystem«, sondern ist in jedem Fall eine Garantie für Ihr Wohlbefinden und ein wunderbares und nebenwirkungsfreies Mittel, um die im menschlichen Körper angelegten Mechanismen der Selbstheilung zu aktivieren. Entdecken Sie daher die heitere Seite in Ihrem Leben, im Alltag, in der Familie, in der Liebe, im Beruf, im Freundeskreis, wo auch immer, denn gerade weil es so viel Negatives gibt, müssen wir der positiven Seite im Leben unbedingt den Vorrang geben. **»Lachen ist die beste Medizin.«**

1. Warum immer ich?

»Gut, dass ich Sie treffe«, sagte eine Dame zu mir, die mich auf der Straße angesprochen hat. »Sie sind oft im Fernsehen und im Radio, schreiben Kolumnen, beschäftigen sich mit den verschiedensten Lebensfragen und Problemen und sprechen mir damit sehr oft aus der Seele. Aber wie kann ich Ihre Anregungen im täglichen Leben umsetzen?«
Diese Frage wird mir auch sehr häufig in meinen Therapiestunden und Seminaren gestellt. Und wenn ich sie dann mit »Sie könnten doch dieses oder jenes machen oder sehen Sie vielleicht auch noch eine andere Möglichkeit« beantworte, dann trifft mich der volle Widerstand meines Gegenübers. Ganz nach dem Motto: Warum soll oder muss ich mich verändern? Eigentlich will ich mich überhaupt nicht verändern, es sind doch sowieso die anderen schuld, die mich nicht verstehen und mich total falsch sehen. Warum immer ich? Warum nicht meine Kinder? Warum nicht mein Mann? Warum nicht meine Frau? Warum nicht mein Chef? Warum nicht mein(e) ...?
Warum immer ich? Diese Frage ist eine unglaubliche Chance für Sie. Dadurch lässt sich der erste Schritt zu welcher Veränderung auch immer leichter und aktiver machen. Auch wenn Sie dabei vielleicht im Moment scheinbar als »Verlierer« vor sich selbst oder vor anderen dastehen: Mit dieser Frage gewinnen Sie immer, langfristig und nachhaltig. Und sie ist auch die beste Möglichkeit, nicht der »Spielball« für andere zu werden.
In einer Zeit, in der die »Krankheitserfinder« nicht müde werden, immer neue Störungen und Syndrome zu ersinnen, ist es – so denke ich – durchaus an der Zeit, den Menschen auch andere Möglichkeiten aufzuzeigen, sie zu »Ge-

sundheitsentdeckern« zu machen. In Wirklichkeit ist es nämlich schon so weit, dass ganz normale Verhaltensweisen oder Phänomene wie Sexualität, Geburt und Tod als krankhaft dargestellt werden.

KRANKHEITSERFINDER

Ich finde die derzeitige Entwicklung insofern bedenklich, da kaum noch ein menschliches Verhalten als sozusagen »normal« betrachtet wird. Nicht jeder, der aktiv ist, leidet unter dem »Zappelphilipp-Syndrom«. Nicht jeder, der trauert, hat eine Anpassungsstörung, nicht jeder der schüchtern ist, hat eine soziale Phobie, nicht jeder, der einmal einen schlechten Tag hat, ist deshalb gleich depressiv, und nicht jedes Kind, das in einem Gegenstand nicht perfekt ist, hat eine Teilleistungsstörung.
Oder ist man vielleicht doch ernsthaft krank, wie uns das so häufig eingeredet wird? Es wird uns heute wirklich sehr schwer gemacht, bei all diesen Informationen, denen wir tagtäglich ausgesetzt sind, das Richtige zu tun oder nichts

zu versäumen. Dies trägt aber zu einer großen Unsicherheit vieler Menschen bei. Eine Unsicherheit, die schon als solche krankmachend ist. **»Die ständige Sorge um die Gesundheit ist auch eine Krankheit.«** (Platon) Oder wie der Volksmund es so treffend ausdrückt: **»Zu Tode gefürchtet ist auch gestorben.«**
Keine Frage, Information und Aufklärung ist besonders wichtig. Aber die Aufmerksamkeit für ein bestimmtes Thema ist noch lange keine Voraussetzung für ein risikominimierendes Verhalten. Denken Sie zum Beispiel an die unzähligen Vorsorgekampagnen, Ernährungs- und Bewegungstipps. Hand aufs Herz: Halten Sie sich an all die guten Ratschläge? Beeindrucken Sie die Warnhinweise auf Zigarettenpackungen – wie auch immer sie gestaltetet sein mögen? Diese Informationsflut kann auch Unsicherheit schaffen, ja sogar negativ beeinflussen, sozusagen: »Und jetzt erst recht.« Denn was all diese Warnungen und Hinweise immer vergessen: Ganz entscheidend für die Erhaltung Ihrer Gesundheit ist bei aller Vernunft die Freude am Leben, die Lebenslust.

2. Heitere Gelassenheit und Lebenslust

Ich bin felsenfest davon überzeugt, Humor ist die geniale Anlage, die Menschen haben, um Ängsten, Schwierigkeiten, Enttäuschungen und den täglichen Sorgen mit heiterer Gelassenheit zu begegnen. Oder anders gesagt: **»Humor zu haben ist die List, zu lachen, wenn's zum Weinen ist.«** (Wilhelm Busch)

Fast jede Kleinigkeit führt heute schon zu heftigen Streitigkeiten, die Anlässe dafür werden belangloser, die Hemmschwelle für Gewaltexzesse wird immer geringer. Tageszeitungen und Nachrichtensendungen berichten Tag für Tag über Beziehungsdramen und Auseinandersetzungen mit oft tödlichem Ausgang. Vorbei ist es mit der viel gepriesenen Gemütlichkeit. Der ganz normale Alltagsfrust ist für viele Menschen unerträglich und dadurch leider auch krankmachend geworden. Dabei bräuchten wir doch eigentlich nur den »Knopf Humor« bedienen, damit wir nicht schon bei jeder Kleinigkeit rot sehen und ausrasten. **»Humor ist der Knopf, der verhindert, dass uns der Kragen platzt.«** (Joachim Ringelnatz)

Aber es ist eine Tatsache, dass genau dieser Knopf, diese entspannende Lebenseinstellung für viele von uns immer schwerer zu finden ist. Zu einfach erscheint es uns, zu banal und vielleicht spielt gerade deshalb eine humorvolle Sichtweise des Lebens in unserem Alltag eine noch immer so unterschätzte Rolle. Ich halte die positive Wirkung von Humor aber für eine unglaublich faszinierende Möglichkeit, die zeigt, dass eine relativ einfache psychologische Intervention eine nachweisbare biologische Wirkung haben kann, worauf mittlerweile auch viele Untersuchungen hinweisen. Es ist daher wirklich schade, dass die verschiedenen Aspekte des Humors nicht öfter ganz bewusst eingesetzt werden – und zwar sowohl im Alltag als auch zur Gesundheitsförderung.

Eine der ganz großen Ausnahmen sind die Clowns, die für gute Laune im Krankenhaus sorgen. Mit Erfolg aufgegriffen hat diese alte, aber grandiose Idee Dr. Hunter »Patch« Adams – vielleicht haben Sie den wirklich berührenden Film mit Robin Williams in der Hauptrolle gesehen –, der seit mehr als 30 Jahren gegen den grauen Alltag in der Medizin ankämpft und dessen Motto »Freundschaft, Liebe und Humor sind die beste Medizin« seither in der ganzen Welt bekannt geworden ist.

Bei einem Spitalsaufenthalt haben Angst, Schmerzen, Traurigkeit und Ungewissheit zumeist Oberhand. Doch ganz egal, ob Kind oder Erwachsener: Die psychische Befindlichkeit spielt beim Heilungsprozess eine große und oftmals unterschätzte Rolle. Die Clowns »entführen« die Menschen in ein Reich der Fantasie, in dem es weder Leid noch Trostlosigkeit gibt. **»Fantasie ist wichtiger als Wissen.«** (Albert Einstein) Und dieses heilsame Gefühl wirkt sich dann im »normalen« Spitalsalltag erfahrungsgemäß sehr positiv aus.

Wenn es also möglich ist, dass zum Beispiel durch belastende Erlebnisse oder durch negativen Stress körperliche und psychische Leiden entstehen können, wie das die Erkenntnisse der Psychosomatik nachweisen, so muss dies auch umgekehrt der Fall sein. Dass nämlich durch gute Laune, Humor, positive Einstellungen und Lachen die Gesundheit gefördert oder erhalten werden kann. Komischerweise beschäftigen sich Forscher erst seit ca. 40 Jahren ernsthaft mit dem, was uns Menschen so einzigartig macht: Humor und Lachen.

Seit 1991 sind z. B. in Österreichs Spitälern unter anderem die CliniClowns unterwegs und sie waren die ersten Spitalsclowns Europas. Diese wunderbaren Spaßmacher bringen mittlerweile nicht nur Kinder, sondern auch Erwachsene etwa in der Geriatrie oder auf Krebsstationen zum Lachen. Ich selbst konnte mich während meines psychotherapeutischen Praktikums an einer psychosomatischen Station über die äußerst positive Wirkung des heilsamen Humors auf Patienten überzeugen und habe daher die außergewöhnlich positiven Aspekte der Gelotologie, zu Deutsch: Lachforschung (vom griechischen gelos = Lachen) in die Humortherapie eingebracht.
Eine Therapiestunde, in der nicht gelacht wird, ist für

mich eine schlechte Stunde. **»Wer in seinem Leid wühlt, vervielfacht es.«** (Mahatma Gandhi) Das Ziel dabei ist, die positive Ausnahme zur Regel zu machen. Denn durch positive Gefühle und Lachen werden die Patienten von ihren Problemen und Unsicherheiten abgelenkt und bekommen die nötige Distanz, um dadurch ihre Situation mit mehr Lebenskraft, Willen, Seelenstärke und positiver Fantasie bewältigen zu können. **»Wenn es einen Glauben gibt, der Berge versetzen kann, so ist es der Glaube an die eigene Kraft.«** (Marie von Ebner-Eschenbach) Der amerikanische Arzt Dr. Carl O. Simonton, ein Psycho-Onkologe, nimmt für seine Abteilung nur Mitarbeiter auf, die innerhalb einer halben Stunde Krebspatienten zum Lachen bringen können. Simonton-Seminare für Krebskranke werden auch im Wiener Wilhelminenspital angeboten.

Doch nicht nur im Krankenhaus, in dieser oft extremen Situation, ist Humor heilsam. Ich finde, der Clown hat durchaus eine Berechtigung in unserem Leben, auch wenn wir nicht krank sind, sondern »nur« diese wunderbare Distanz zu belastenden Lebensumständen suchen. Es gibt dazu eine einfache und hilfreiche Anlage in jedem von uns. Entdecken Sie daher den Clown in sich und verändern Sie doch einmal Ihren Alltag, indem Sie ganz bewusst etwas tun, was Sie sonst nicht machen würden, weil es Ihnen vielleicht zu kindisch erscheint. Ziehen Sie verschiedene Socken an, begrüßen Sie Ihre Kollegen oder Nachbarn einmal, indem Sie die linke Hand geben, oder gehen Sie auf einen Spielplatz und genießen Sie das herrliche Gefühl beim Schaukeln. Im Fasching sind derartige »Geschichten« erlaubt und niemand wird Ihnen am Faschingdienstag eine solche Überraschung übel nehmen – im Gegenteil. **»In der Kunst des Überraschens liegt ein Schlüssel zur Komik.«** (Peter Altenberg) Überraschen Sie sich selbst und andere und Sie werden sehen: Egal, was auch immer

Sie in diese Richtung machen, Sie fühlen sich nachher besser.
Wir haben es in einer immer komplizierter werdenden Welt verlernt, den so genannten einfachen Dingen zu vertrauen, wir vertrauen nicht einmal mehr unserem »gesunden Menschenverstand«, der doch – nicht nur meiner Meinung nach – auf dem grundlegenden Wissen einer jahrtausendelangen Erfahrung unserer Vorfahren beruht. Heute weiß man zum Beispiel wieder um die Auswirkungen der Mondphasen auf Mensch und Tier, schätzt zunehmend die Heilwirkung verschiedener heimischer Kräuter oder die Rezepturen in der Hildegard-Medizin. Die Traditionelle Chinesische Medizin, die Homöopathie und komplementäre Heilmethoden setzen sich immer mehr durch, zumindest als wirkungsvolle Ergänzung und Bereicherung zur klassischen Schulmedizin. Ein Umdenken findet statt, weil die High-Tech-Medizin, die so genannte »Apparatemedizin«, zwar ein für uns alle unverzichtbarer und selbstverständlicher Standard geworden ist, den wir nicht mehr missen möchten, die aber alleine nicht genügt. Es ist einfach zu wenig, dass unsere Lebenserwartung dank der medizinischen und pharmakologischen Fortschritte heute deutlich höher ist als früher und in den zivilisierten Ländern ständig weiter steigt, wenn gleichzeitig die Seele immer mehr um Hilfe schreit. Es genügt nicht, die Lebensjahre zu verlängern, es muss auch die Lebensqualität stimmen. Doch das Gegenteil ist – wie mir Klienten meiner Praxis zeigen – sehr oft der Fall.
Den Menschen in unseren Breiten geht es objektiv so gut wie noch nie, wir haben keinen täglichen Überlebenskampf mehr wie alle Generationen vor uns, wir brauchen nicht mehr zu hungern, unser Leben ist nicht durch Krieg bedroht, unsere Kinder können in Ruhe aufwachsen, sich nahezu jeden Bildungsweg selbst wählen, und zwar relativ

unabhängig von der Einkommensschicht ihrer Eltern, und wir sind nach wie vor durch unser soziales System abgesichert.
Subjektiv aber geht es den Menschen immer schlechter. Der Leistungsdruck und der damit verbundene Stress machen krank, denn wir können uns nicht mehr bescheiden, sind unzufrieden, wollen immer mehr und setzen uns dadurch noch mehr unter Druck. In dieser sich immer schneller drehenden Spirale der Leistungsgesellschaft ist für Entspannung und Lachen kein Platz mehr und keine Zeit. Wir haben ja sogar unsere Freizeit total verplant, um sie möglichst effizient zu nutzen. Unser tägliches Fitnessprogramm besteht aus Joggen, Fitnesscenter und neuerdings Nordic Walking, ernste Angelegenheiten also, die den Körper und die Muskeln trainieren. Doch die für unser Wohlbefinden wichtigsten Muskeln, die Lachmuskeln, verkümmern dabei immer mehr. Haben Sie gewusst, dass beim Lachen ca. 300 Muskeln aktiviert werden, alleine 17 davon im Gesicht?

3. Lachen als Energiespender

Die Forschungen der letzten Jahre zeigen sehr deutlich, dass positive Gefühle, Humor und Lachen zu dauerhaftem körperlichen und psychischen Wohlbefinden beitragen. Der heilsame Humor aktiviert geradezu die evolutionäre Programmierung in unserem Gehirn für positive Gefühle. Ressourcen werden mobilisiert, um dadurch oftmals verschüttete psychische Stärken zu entdecken oder wieder zu finden. Die Wissenschaft vom Lachen – die Gelotologie – beweist in vielen Studien die heilsame Kraft des Lachens. Lachen ist der Ausdruck der vollkommenen Spannungslösung! Wir steigen aus der Selbstkontrolle aus und überlassen uns der Weisheit des Körpers und dadurch kann die blockierte Lebensenergie wieder frei fließen. Eine ähnliche Entspannung ist auch in der Sexualität der Fall. Lachen ist wie ein Orgasmus, der Höhepunkt einer vorangegangenen positiven Stimmungslage.

Lachen reduziert ganz einfach viele negative Effekte des Lebens, ist ein Energiespender und ein durchaus geeignetes Mittel zur Steigerung des allgemeinen Wohlbefindens, denn es entspannt uns sofort. Die Neurowissenschaften belegen, dass im Menschen ein System für Euphorie, Lust und Freude existiert, das wir durch bewusstes Üben stärken können, weil wir *auch* für positive Gefühle programmiert sind.

Übrigens: Es kommt nicht darauf an, wie man lacht. Ob schallendes Gelächter, wo man sich vor Freude auf die Schenkel klopft und sich den Bauch hält, oder einfach ein herzliches Lächeln, das ungeniert die eigene Freude spiegelt – der erlösende Effekt ist der gleiche. Wer aber ständig sein Lachen unterdrückt, weil Erziehung oder gesellschaftliche Normen und vor allem Vorurteile im Vordergrund stehen, der handelt fahrlässig gegen sich selbst und die Wirkung ist die gleiche wie bei ungeweinten Tränen.

Übung
Viele Probleme entstehen dadurch, dass man sich zu ernst nimmt. Lachen Sie doch einmal über sich selbst. Dazu eine einfache Übung aus dem Lachyoga.
Strecken Sie einen Arm und Zeigefinger aus, wie wenn Sie auf ein fernes Ziel zeigen würden. Dabei atmen Sie tief durch die Nase ein. Dann drehen Sie den Zeigefinger um, richten ihn auf sich selbst und atmen mit hahahahah aus, wobei Sie den Zeigefinger bis zur Brust zurückführen. Sie können die Übung nach Lust und Laune wiederholen. Sehr wirkungsvoll ist diese Übung vor einem Spiegel. Damit trainieren Sie, sich selbst nicht so ernst zu nehmen und auch einmal lockerer mit sich umzugehen.

Erst vor kurzer Zeit konnte eindrucksvoll nachgewiesen werden, dass auch das Gehirn eines erwachsenen Menschen veränderbar ist – und zwar durch Gedanken und Emotionen. **»Alles, was wir sind, sind wir durch unsere Gedanken.«** (Buddha) Bisher vertraten Wissenschaftler die Meinung, das menschliche Gehirn sei spätestens nach der Pubertät »ausgewachsen«. Das ist aber falsch, denn die Hirnforschung beweist, dass sich Schaltkreise des Gehirnes ständig verändern, dass Nervenzellen ständig neu verknüpft werden. Man kann diese Veränderungen unter der Schädeldecke mit dafür geeigneten Instrumenten sogar sichtbar machen. Diese Entdeckung macht unter allen Umständen Mut. Sie zeigt uns, dass es nie zu spät ist, wieder mit dem Lachen zu beginnen und sich mehr auf seine positiven Gefühle einzulassen.

Ähnlich wie wir Rechnen oder Schreiben erlernen, sind wir in der Lage, positive Gefühle und heitere Gelassenheit zu trainieren, aber auch negative Gefühle und Frust, was uns mitunter leichter fällt. Ein Gedanke von Viktor Frankl ist wunderbar: Es gibt auf der Welt zwei Arten von Menschen: »Anständige« und »Unanständige« und die Freiheit, sich zu entscheiden, wie wir sind, kann uns keiner abnehmen. Ähnlich ist es mit den guten und schlechten Gefühlen – man kann sich für sie entscheiden.
Um jetzt nur ja kein Missverständnis aufkommen zu lassen: Sie sollen nicht immer nur gut gelaunt sein. Aber vielleicht sollten Sie es immer öfter sein! Denken Sie an die Heiterkeit von Zeit zu Zeit. Es gibt unaufhörlich Gelegenheiten dazu, Sie müssen Ihren Blick nur dafür schärfen.
Psychopharmaka können unglaublich hilfreich sein, sie sind aber auf Dauer keine Lösung, um mit Lebensschwierigkeiten umzugehen. Weil im Unterschied zu Antibiotika, die Infektionen heilen, wirken psychiatrische Medikamente nicht mehr, sobald man die Behandlung abbricht. Daher sind auch neue Wege zu beschreiten, wie dies David

Servan-Schreiber in seinem Buch »Die neue Medizin der Emotionen« eindrucksvoll aufzeigt. Prinzipiell gilt dabei: Die Einnahme oder das Absetzen von Psychopharmaka sollten Sie immer mit Ihrem Arzt besprechen. Lachen können Sie auch alleine.

In Großbritannien schlagen Umweltschützer Alarm, dass das Antidepressivum Prozac in solchen Mengen genommen wird, dass es bereits im Grundwasser nachgewiesen werden kann, wie der »Guardian« berichtete. Der Nachweis von Prozac – es enthält den Wirkstoff Fluoxidin und Medikamente mit diesem Inhaltsstoff sind in Österreich z. B. verschreibungspflichtig – im Grundwasser zeigt, dass viel zu viele Antidepressiva eingenommen werden. Prozac gilt mittlerweile als das Volksmedikament Nummer eins in Großbritannien und Amerika. Von 1991 bis 2001 stieg die Verschreibung von Antidepressiva gigantisch an. Prozac – bei uns unter dem Namen Fluctine bekannt – wurde in den 80er-Jahren des vorigen Jahrhunderts als die »Glückspille« schlechthin vergöttert und ist ein Antidepressivum, das zur Gruppe der so genannten Selektiven Serotonin-Wiederaufnahme-Hemmer (SSRI) gehört. Diese greifen in den Stoffwechsel des »Glücksbotenstoffs« Serotonin ein und verändern so die Gefühle.

Wir können unseren Organismus aber auch auf natürliche Weise beeinflussen, zum Beispiel durch Lachen. Aufsehen erregte eine Studie von Esther Sternberg vom Institute of Mental Health in Bethesda, Maryland/USA, die an Hand von Blutanalysen zeigte, dass Lachen Stresshormone abbaut. Lee Berk von der Loma Linda University in Kalifornien belegte, dass während und nach heftigen Heiterkeitsausbrüchen die Aktivität der natürlichen Killerzellen sowie der Immunglobuline – und damit zwei wichtige Elemente des Immunsystems – deutlich ansteigen.

Warum lachen wir eigentlich? Die Grundeigenschaft dafür

ist angeboren, aber niemand wusste da bis vor kurzem Genaueres. Jetzt hat der Radiologe Dean K. Shibata von der University of Rochester Orte im Gehirn lokalisiert, die auf Witz und Komik ansprechen. Die medizinische Bedeutung des Humors und des Lachens ist aber dadurch noch immer nicht restlos erforscht, obwohl Humor durch die gesamte Geschichte der Medizin als Heilmittel empfohlen wird. Schon Hippokrates ermutigte Mediziner, sich vor ihren Patienten fröhlich und heiter zu geben. Eines steht aber unabhängig von allen Forschungen und Spekulationen fest: Humor ist ein Teil der menschlichen Persönlichkeit und wichtig zum Ausgleich negativer emotionaler Erfahrungen wie Angst, Wut und Ärger. Humor verträgt sich nicht mit dem Gefühl von Hoffnungslosigkeit und Hilflosigkeit. Durch Humor wird der innere Abstand zu den eigenen Problemen geschaffen und dadurch entwickeln sich ungeahnte Kräfte und die Resignation hat keine Chance mehr.

Herzhaftes Lachen wirkt sich auf das Herz durchaus positiv aus, wie eine Grazer Studie am Beispiel von Schlaganfallpatienten zeigte. Demnach senkt regelmäßiges »Lachyoga« den Blutdruck. Die Psychologin Dr. Ilona Papousek vom Institut für Psychologie an der Universität Graz hat die Wirkung des regelmäßig praktizierten Lachens an 30 steirischen Schlaganfallpatienten untersucht. Erstmals hat sie den positiven Effekt von Lachen auf den Blutdruck nachgewiesen.

Lachyoga ist eine Kombination von verschiedenen Lachübungen – z. B. »Cocktaillachen«, »Ein-Meter-Lachen« oder »Löwenlachen« –, die von der Technik der Yoga-Atmung ausgehen. Diese Methode wurde vom indischen Arzt Dr. Madan Kataria entwickelt und wird mittlerweile weltweit erfolgreich eingesetzt. Aus einem künstlich erzeugten Lachen entsteht ein natürliches. Es ist wissenschaftlich erwiesen, dass das Gehirn auch durch künstlich ausgelöstes Lächeln und Lachen aktiviert werden kann. Was immer die Quelle unseres Lachens ist, die physiologischen Veränderungen, die es in unserem Körper hervorruft, sind dieselben. Wenn man den Körper in einen Zustand des Glücks versetzt, dann folgt der Geist dem Körper.

Machen Sie einen einfachen Versuch, egal ob Sie daran glauben oder nicht. Lächeln Sie – zum Üben am besten vor dem Spiegel – und drücken Sie die zwei Punkte sanft mindestens. 30 Sekunden lang. Wichtig dabei ist, dass Sie die Mundwinkel anheben. Durch den Druck auf den Lachmuskel (Jochbeinmuskel/zygomaticus major) wird ein positives Gefühl im Gehirn stimuliert, ganz genau so, als würden Sie herzlich lachen. Dieses positive Gefühl entsteht zwar durch einen Trick, aber es stärkt mit Sicherheit den Organismus, während negative Gefühle wie Ärger, Hass, Neid etc. ihn schwächen. Instinktiv zwicken wir in vielen Kulturen Kinder in die Wange. Genau dort, wo sich die beiden Punkte befinden.

Aber auch Dr. Henry Rubinstein beschreibt in seinem Buch »Die Heilkraft Lachen« Untersuchungen, die Beweise dafür erbrachten, dass Lachen eine Muskelentspannung bewirkt, dass es ein höchst wirksames Mittel für den Stressabbau im Allgemeinen und gegen Herzbeschwerden, Kopfschmerzen und chronische Angst im Besonderen ist.

Lachen ist immer die Folge einer positiven Stimmung und daher sehr empfehlenswert, denn durch das Glücksgefühl während des Lachens werden Sie zwangsläufig von belastenden Denkmustern abgelenkt. Für den französischen Philosophen Henri Bergson ist Lachen nicht »greifbar«, ja es entzieht sich geradezu der begrifflichen Erkenntnis und kann daher als eine Reaktion des Körpers verstanden werden, um sich gegen eine vorherrschende Rationalisierung zu behaupten. Während des Lachens denken Sie nicht. Und umgekehrt, wenn Sie denken, lachen Sie nicht, denn beides zusammen ist nicht möglich und lässt sich so gar nicht vereinen. Und genau durch diese Unterbrechung z. B. einer negativen Gedankenspirale kann regelmäßiges Lachen auf alle Fälle wesentlich zu einer Verbesserung Ihrer Lebensqualität beitragen. Wenn Sie sich also wieder in einer für Sie bedrückenden Situation befinden, bemühen Sie sich, an etwas anderes zu denken, erinnern Sie sich an etwas, das Sie erheitert und belustigt. Vielleicht an einen Streich aus Ihrer Kindheit, an die Szene in einem lustigen Film oder an einen Witz. Sie lenken sich damit ab, und zwar sehr positiv.

4. Tick oder dick?

Schönheit ist in unserer Gesellschaft zu einem wichtigen Faktor geworden. Dafür wird mittlerweile fast jeder Preis bezahlt. In Österreich werden z. B. jährlich ca. 40.000 Schönheitsoperationen durchgeführt und zur Animation der angeblich »noch Hässlichen« sogar im Fernsehen übertragen. Fitnesseinrichtungen, Kosmetikprodukte und Diäten boomen. Wellnesstempel bieten ärztlich kontrollierte Entschlackungs- und Fastenkuren im Schnellverfahren an. Uralte Therapieformen werden als neue Schönheitsrezepte verkauft. In einem schönen Körper wohnt ein gesunder Geist. Oder war das doch anders? Wohnt nicht doch in einem gesunden Körper ein schöner Geist? Oder wohnt in einem gesunden Körper ein gesunder Geist? Und was ändert sich dann eigentlich, wenn man sein

Traumbild erreicht hat? Ist man erfolgreicher in der Liebe oder im Beruf? Ist man glücklicher? Hat nur mehr unser Äußeres Bedeutung? Die Sucht nach einem perfekten Körper entwickelt sich zu einer Massenobsession. Sich ins Fäustchen lachen können aber zumeist nur diejenigen, die damit sehr viel Geld verdienen.

Ich bin zu dick! Dieser Satz ist oft zu hören. Der »geistlose« Zeitgeist verlangt aber einen schlanken Körper, der noch dazu durchtrainiert, muskulös und – nicht zu vergessen – dunkelbraun sein muss. Der erste Schritt, dies zu erreichen, ist eine der unzähligen Diäten; der zweite: man joggt sich forever young; der dritte: man gibt sich der natürlichen oder künstlichen Sonne hin und dann entspricht man ganz dem heutigen Schönheitsideal. Auch die »Generation 50plus« wird nicht verschont, gut konservierte Modelle zeigen uns auch hier vor, wie man sein muss. Im Prinzip ist ja dagegen auch nichts zu sagen; außerdem ist das alles noch sehr gesund und die Angst vorm Herzinfarkt ist jedenfalls groß. Da nimmt man schon auch ein paar Magersüchtige in Kauf, die sind ja sowieso selber schuld, die haben das Ganze halt zu ernst genommen.

Der Verkauf von Diätprodukten steigt alle Jahre beträchtlich. Besonders die »neuen« Diäten boomen. Und trotzdem gibt es für die meisten der zahlreichen Diätwilligen nach einiger Zeit eine herbe Enttäuschung. Was mit der übergroßen Hoffnungen auf die Traumfigur begonnen hat, endet oftmals mit Frustration und dem Gefühl der Unfähigkeit, etwas durchzuhalten.

Mit ein Grund für den Misserfolg: Die Motivation zur Gewichtsreduktion sollte eigentlich vom persönlichen Wohlbefinden bestimmt werden und nicht von magersüchtigen Models, die bisweilen nicht älter als zwölf Jahre alt sind. Angesichts der permanenten Vorführung von »idealgewichtigen« Menschen ist es mittlerweile selbst für so genannte »Normalgewichtige« schwer, diesem Druck Stand zu halten. Was auch immer Sie über »Normalgewicht« oder »Idealgewicht« gehört haben: Vergessen Sie es am besten. Was zählt, ist Ihr persönliches »Wohlfühlgewicht«. Wir müssen vor allem unsere psychischen Blockaden sehr genau kennen, bevor wir mit einer Diät beginnen. Emotionen spielen eine zentrale Rolle, um das Wohlfühlgewicht zu erreichen und behalten zu können, denn die individuelle Entwicklung des Essverhaltens ist sehr stark mit emotionalen und sozialen Reizen verknüpft. Will man eine Diät erfolgreich machen, dann funktioniert das am besten über positive Emotionen. Durch das Diktat »so muss man sein« wird es offenbar immer schwieriger, das eigene Maß, das eigene Gewicht, das persönliche Wohlergehen zu finden. Selbstmord mit Messer und Gabel ist die eine Seite, Magersucht die andere – und dazwischen gibt es sehr viele lebenswerte Möglichkeiten! Denken Sie an den lächelnden Buddha und hören Sie bitte mehr auf sich und Ihren knurrenden Magen.

Wenn wir schon fasten, dann sollten wir vor allem auch daran denken, mental zu fasten, denn es gab noch nie so viele psychische Erkrankungen, die meiner Ansicht nach mit einer nie da gewesenen Reizüberflutung zusammenhängen und dem unglaublichen Druck, den gestylten Idealvorbildern zu entsprechen. Die Werbung hat uns fest im Griff und wir erliegen ihr mehr oder weniger alle. Es ist halt verdammt hart, der Beste oder Schönste zu sein.

Ich will Ihre Vorsätze und Ihren guten Willen keinesfalls demotivieren, beachten Sie aber einige Grundregeln für ein erfolgreiches Gelingen. Besonders wichtig für das gewünschte Ergebnis der guten Vorsätze ist, dass Sie nicht nur vorhaben, etwas unterlassen zu wollen, sondern vor allem daran denken, was Sie *stattdessen* tun werden. Wie gehen Sie mit dem Hungergefühl um, das während einer Diät

bekanntlich besonders stark ist? Oder wenn Sie sich das Rauchen abgewöhnen wollen oder müssen – was tun Sie zum Beispiel mit den Fingern, wenn die Zigarette fehlt? Lassen Sie sich auf keinen Fall von Rückschlägen entmutigen, wenn Sie Ihr Vorhaben nicht immer konsequent durchhalten können. Ihre Diätpläne sind nicht gleich zum Scheitern verurteilt, nur weil Sie einmal der Heißhunger übermannt hat und die eine Genusszigarette zum Kaffee ist auch noch kein Garant für einen Herzinfarkt.
Entscheidend für ein erfolgreiches Gelingen Ihrer guten Vorsätze ist vor allem Ihre positive Einstellung. Wichtig ist aber auch der richtige Zeitpunkt, an dem Sie Ihr Vorhaben beginnen. Beim Abnehmen stellt sich die Frage, ob Silvester – der Tag der guten Vorsätze – oder Feiertage und Urlaube prinzipiell der richtige Moment dafür sind. Gerade zu den Festtagen sollen Sie auf köstliches Essen verzichten? Keine gute Idee, oder? Außerdem hat man in den Wintermonaten, wenn es nass, kalt und dunkel ist, keine große Lust, zu Fuß zu gehen anstatt das Auto zu benützen. Auch der Körper schaltet auf »Winterbetrieb« und legt sich in dieser Zeit Reserven für die »Eiszeit« an, deftige Gerichte locken uns alle dann viel mehr als Rohkost, auf die wir natürlich im Frühjahr wieder Lust bekommen.

Aber wie erreichen wir die Schönheit, die von innen kommt?
Das ist immer eine Frage Ihrer inneren Einstellung. »**Was man denkt, das ist man. Was man ist, das strahlt man aus. Und was man ausstrahlt, zieht man an.**« (Sprichwort) Denn wenn innen keine Schönheit ist, kann sie auch nicht nach außen strahlen. Fröhlichkeit, gute Gefühle und Lebenslust sind tatsächlich ein probates Mittel, um aus dem finstersten Gesicht ein lachendes und dadurch auch schönes zu machen. Probieren Sie es einfach aus.

Übung

Machen Sie ein ganz finsteres und böses Gesicht und schauen Sie sich dabei in den Spiegel. Halten Sie diese Spannung im Gesicht ca. eine Minute und beobachten Sie dabei Ihre Gefühle; spüren Sie, wie sich dieses Gesicht auf Ihren ganzen Körper überträgt. Dann lösen Sie die Spannung und verwandeln Ihr Gesicht in ein entspanntes, fröhliches und lachendes. Schauen Sie auch dieses Gesicht ca. eine Minute an und spüren Sie, wie sich dieses Gesicht auf Ihren ganzen Körper überträgt. Wiederholen Sie dann das lachende Gesicht einige Male. Ich bezeichne diese Übung als »Lebensübung«, weil sie ein ganzes Leben lang hilfreich ist. Schon nach einigen Monaten werden Sie einen Erfolg sehen – egal wie viele Kilos Sie auf die Waage bringen.

Durch dieses Training der Gesichtsmuskeln wird das Erschlaffen der Haut verringert. Die erhöhte Sauerstoffversorgung sorgt für eine gesunde Gesichtsfarbe und ein unleidlicher Gesichtsausdruck kann bei regelmäßigen Lachübungen in einen freundlichen verwandelt werden.

5. Lebenskunst

Aus den Gesprächen mit meinen Klienten weiß ich, dass die Angst sehr groß ist, auf lieb gewordene Gewohnheiten verzichten zu müssen. Deswegen ist es so wichtig, den »inneren Schweinehund« als treuen Weggefährten zu akzeptieren. Heiterkeit und Lebensfreude sind eng an seine Existenz gebunden. Jeder von uns kennt doch das wohlige Gefühl, einmal nicht funktioniert zu haben. Und der Anspruch auf dieses hundertprozentige Funktionieren ist eine ergiebige Quelle von Frust.

Allzu eifrig
Ein Mensch sagt – und ist stolz darauf –,
Er geh in seinen Pflichten auf.
Bald aber, nicht mehr ganz so munter,
Geht er in seinen Pflichten unter.
(Eugen Roth)

Das heißt aber, wir müssten ihn bekämpfen, diesen »Schweinehund«, diesen zuverlässigen Gefährten. Meiner knurrt ganz böse bei diesem Gedanken – und ich kann ihn wirklich gut verstehen. Macht er mir doch das Leben immer wieder sehr, sehr angenehm.
Er springt und wedelt freudig mit dem Schwanz, wenn ich mich nicht forever young jogge und voll der inneren und äußeren Entspannung im Bett liegen bleibe. Er jault vor Vergnügen, wenn ich einen Schweinsbraten esse und nicht gleich an meinen Cholesterinspiegel denke. Er weicht nicht von meiner Seite, wenn ich, anstatt intensiv zu arbeiten, voll der Freude im Kaffeehaus sitze. Er liegt behaglich zu meinen Füßen, wenn ich vor der Glotze sitze und

Krimi schaue und nicht in Morpheus' Armen liege, um am nächsten Tag ausgeschlafen und fit zu sein.
Und ganz besonders lieb hat er mich, wenn ich grantig, missmutig und schlecht drauf bin, anstatt die Dinge mit heiterer Gelassenheit zu sehen. »Hält einer treu zu dir, dein Hund«, sagt Goethe und hat damit sicher den »inneren Schweinehund« gemeint.

Und gerade deswegen ist es so wichtig, sich mit diesem »guten Tier« auseinander zu setzen! Darüber nachzudenken, wo muss ich ihn überwinden, wo kann ich ihm nachgeben, um die Balance zwischen angenehm und vernünftig zu finden. Zu entscheiden: Was ist gut für mich, was schadet mir? Was ist zu viel, was ist zu wenig? Was ist richtig, was ist falsch? Ich denke, wir müssen ihn eigentlich sehr gerne haben und in Frieden mit ihm leben, um die Lust am Leben nicht zu verlieren.
Also liebe Leserin, lieber Leser, ab in die Hundeschule! Ob Dackel oder Dobermann, mit Liebe und Humor ist jedem Hund beizukommen, auch dem »inneren Schweinehund«.
Keine sinnlichen Freuden mehr, keinen Genuss und nur noch das, was dem Körper gut tut? Und all diese Qualen im Namen der Gesundheit, der neuen Religion des 21.

Jahrhunderts. Es sollen ja schon mehr Menschen ins Fitnessstudio als in die Kirche gehen, es scheint doch mittlerweile völlig egal zu sein, wo wir unsere Kniebeugen machen. Hauptsache, wir beugen uns! Ganzheitlich gedacht gar nicht so schlecht. Denn wo auch immer wir Kniebeugen machen, es dient entweder der Seele oder dem Körper. So gesehen könnten wir doch wirklich zufrieden sein, bei all den Möglichkeiten, die wir heute haben.

Die allgegenwärtige Gesundheitseuphorie, die Fitness- und Wellnessfrage, die versucht, die Illusion ständigen psychischen und physischen Wohlbefindens in uns aufrechtzuerhalten, verdrängt so viele andere sehr wichtige Fragen aus der privaten, aber auch der öffentlichen Diskussion. In der Mediengesellschaft, die einen nie da gewesenen Kommunikations-Überfluss über uns hereinbrechen lässt, kommt es unterhalb der Oberfläche zu einem verhängnisvollen und oft krankmachenden Schweigen. Und gerade bei den Fragen, die für unsere Persönlichkeit, für unser seelisches Gleichgewicht und die Tatsache, dass wir das Leben lieben können, so wichtig sind, verfallen wir in einen Zustand der Sprachlosigkeit, die eine der wesentlichen Ursachen für unser Unbehagen ist.

All die Fragen, die wir so leichtfertig verdrängen, kehren in anderer Gestalt wieder. Wir reden einfach viel zu wenig miteinander. Untersuchungen zeigen immer wieder, dass sich die Kommunikation innerhalb der Familien oft nur auf wenige Minuten pro Tag beschränkt und dabei werden auch nur sachliche Mitteilungen ausgetauscht. Eine entscheidende Rolle für das psychische und physische Wohlergehen von Menschen sind aber positive Emotionen und die Fähigkeit, lachen zu können oder andere zum Lachen zu bringen. Die guten Gefühle sind daher eine grundlegende Voraussetzung einer erfolgreichen Interaktion.

Denken Sie vielleicht öfter an die heilsame Kraft, die eine

humorvolle Kommunikation in sich birgt. Eine mir in diesem Zusammenhang häufig gestellte Frage ist: »Kann Humor nicht verletzend sein?« Und meine Antwort darauf ist immer: »Die meisten Menschen werden humorlos verletzt.«

»Es gibt nichts Anziehenderes als einen Menschen, der liebt und dem man anmerkt, dass er nicht nur irgendetwas oder irgendwen, sondern das Leben liebt.« (Erich Fromm) Es liegt in der Natur des Menschen, unabhängig von seinen Umständen eine Ars Vivendi, eine Kunst des Lebens, zu verwirklichen. Einen wesentlichen Anteil daran hat die Tatsache, dass wir die Fähigkeit zu einer humorvollen Betrachtung des Lebens haben. In unserer komplexen Welt, in einer hektischen Zeit voll der Veränderungen und Anforderungen verlangt der Alltag mit seinen kleinen und großen Problemen von uns Menschen viele Entscheidungen und Verhaltenweisen, die immer sinnvoll und auch wohldurchdacht sein sollten. Diese Erwartungshaltung der Gesellschaft, geprägt durch ökonomische und soziale Gegebenheiten, überfordert viele Menschen. Die Frage nach dem »Können« wird immer öfter durch die Frage nach dem »Müssen« ersetzt. Wirtschaftliche Interessen stehen zumeist im Vordergrund, Menschen werden oft nur noch als Kostenfaktor gesehen.

Aber es gibt auch noch andere Problemstellungen, die viele von uns betreffen. Jede dritte Ehe wird geschieden, in Großstädten jede zweite und wie die derzeitige Diskussion zeigt, steckt auch das Bildungswesen in einer Krise, Kinder und Jugendliche werden immer öfter zum Spielball zwischen Schule und Eltern. Wie kann man da ein Mensch sein oder werden, der das Leben liebt? Antworten werden gesucht. Zu viele komplizierte Antworten werden gegeben. **»Kinder erhalten viel zu viele Antworten auf nicht gestellte Fragen«**, sagte der berühmte Philosoph Sir Karl

Popper. Vielleicht sind Kinder deshalb so gefährdet und ohne Perspektive, wie das heute der Fall ist. Drogen, Alkohol und Zigaretten sind oft ganz früh schon eine Selbstverständlichkeit. Nur eine Zigarette oder eine Droge kann ein Kind schon abhängig machen, weil das Gehirn sich diesen »Kick« merkt und den »Feind« nicht erkennt. Auch bei Kindern wirken Verbote in der Regel eher animierend als abschreckend. Und trotzdem hat eine Gesellschaft noch nie ihre Kinder so alleine gelassen. Es ist erstaunlich: Kinder dürfen in unserer Gesellschaft fast alles. Nur eines dürfen sie nicht: Kinder sein. Ich denke, wir sollten im Sinne von Erich Fromm wieder auf altmodische Methoden zurückgreifen, dass Kinder das Leben wieder lieben. Nämlich: bedingungslose Liebe, viel Zeit und eine wohlige Nestwärme. Verlassen Sie sich dabei mehr auf Ihren »Bauch« als auf psychologische Ratgeber. Gehen Sie achtsam mit sich und den anderen um und entwickeln Sie eine Kultur der bedingungslosen Liebe. Eine humorvolle Lebenseinstellung kann dabei wirklich sehr hilfreich sein. Wer mit einem frohgemuten Augenzwinkern Probleme erkennt, wird sie ebenso gelassen lösen; wer über die vielleicht nicht immer harmlosen Streiche seiner Kinder lachen kann – und zwar mit ihnen –, wird immer offene Ohren finden.

Immer häufiger kommen Männer zu mir in die Praxis, die mit dem neuen Rollenbild »Mann« so gar nicht zurechtkommen. Die Rolle, die Männer für so lange Zeit gespielt haben, verliert rasant ihre bisherige Bedeutung. Das Theaterstück »Leben« wird umgeschrieben und alle »Mitspieler« suchen dadurch zwangsläufig neue Identitäten. Wir sollten in dieser Situation immer wechselseitig positiv denken, das heißt, wir sollten darauf schauen, wie beide Seiten dauerhaft gewinnen können. Wie schon gesagt, mit mehr Toleranz und Verständnis sollte nicht so heiß gegessen werden, wie für viele noch immer gekocht wird im »Kampf« der Geschlechter. Ich persönlich finde es wirklich wunderbar, dass sich in relativ kurzer Zeit so viel verändert hat und weiterhin verändern wird. Und trotzdem finden noch immer ca. 70 Prozent der Frauen kaum die Möglichkeit zur Entspannung, weil sie nach der Arbeit mit Familie und im Haushalt gefordert sind. Aber Männern geht es auch nicht mehr wirklich besser. Stellen Sie sich vor: Väter können bereits mittels CD-ROM oder in Seminaren lernen, wie man für Kinder sorgt. Unter www.junge-vaeter.at finden sie genaue Instruktionen, was ein Kind so alles braucht. Vielleicht geben deswegen bereits 63 Prozent der Männer an, auch nicht mehr richtig entspannen zu können!

Bei allem Respekt für die kulturgeschichtliche Entwicklung der bisherigen Rollenverteilung ist die Veränderung verkrusteter patriarchalischer Strukturen für ein gegenwärtiges Weltbild durchaus vonnöten und diese Bewegung ist auch nicht mehr aufzuhalten. Das birgt – wenn wir achtsam und klug damit umgehen – trotz aller Schwierigkeiten auch eine große Chance in sich, nämlich eine Verminderung der Gewaltbereitschaft in unserer Gesellschaft.

6. Alle wollen alt werden, niemand will alt sein

Humor, Fröhlichkeit und Lachen werden nach wie vor als Privilegien der Jugend angesehen. Und das ist falsch. Es ist durchaus richtig, dass ältere Menschen vielleicht einen anderen Sinn für Humor haben als jüngere, aber eines ist sicher: Humor kennt keine Altersgrenze.

Trotz aller positiven Entwicklungen der letzten Jahre taucht doch noch immer vor unserem geistigen Auge beim Begriff »Alt« ein am Stock gehender, von Gram und Schmerz gebeugter alter Mensch auf, der mühsam sein Dasein fristet. Die Wirklichkeit aber lehrt uns etwas völlig anderes: Noch nie sind so viele Menschen in den westlichen Industrieländern so alt geworden. Die Lebenserwartung ist im Unterschied zur Dritten Welt enorm hoch, ältere Menschen stecken voller Lebenslust, Energie und sind damit weitgehend unabhängig, reiselustig, weltoffen, sportlich, modebewusst und für vieles offen. Und obwohl die Wissenschaft schon längst das negative Image des Alterns korrigiert hat, sitzt es nach wie vor tief in unseren Köpfen.

Ich kann das Wort »Überalterung« nicht mehr hören! In unseren Breiten wird – anders als in anderen Kulturen – das Alter eher negativ empfunden. Und das Getue und das Suchen nach neuen Begriffen für all das, was mit »Alter« zu tun hat in unserer Sprache, kann nicht darüber hinwegtäuschen, dass unsere Gesellschaft in Wirklichkeit total hilflos mit einem völlig natürlichen Phänomen umgeht. Was geben wir der Jugend für Perspektiven, wenn wir das Alter nicht ehren und nur als unaufhaltsamen Abstieg darstellen? Wie soll sich eine positive Lebenszeit von vielleicht 80 und mehr Jahren entwickeln können, wenn der Jugendlichkeitswahn bereits 20-Jährige für vieles als zu alt abstempelt? In Anbetracht der vielen unwürdigen Altersbilder, die in unserer Gesellschaft noch immer verbreitet werden, wird für junge Menschen ein Klima der Angst und Traurigkeit erzeugt. Ein 27 Jahre alter Mann kam deswegen zu mir in die Praxis, weil er Angst vor dem Alter hatte.

Der Traum vom ewigen Leben wird wohl ein solcher bleiben. Und das ist auch gut so. Viele Menschen wissen mit einem verregneten Sonntagnachmittag nichts anzufangen und erliegen dennoch der Verlockung vom ewigen Leben. Man kann sich dieser Anti-Aging-Welle auch kaum entziehen, die da gerade über unsere vergänglichen Häupter hinwegrollt. Medizin und Psychologie haben sofort einen boomenden Markt erkannt. Und obwohl in diesen Fächern der wissenschaftliche Anspruch sehr hoch sein sollte, gibt es kaum Untersuchungen über Nebenwirkungen und Langzeitfolgen. So z. B. ist die »Hormoneuphorie« in der letzten Zeit wieder sehr in Frage gestellt worden. Ein Umdenken würde bedeuten, das Altern zu akzeptieren und den Menschen, die nicht dem Bild des »vitalen Alters« entsprechen, keine Minderwertigkeitsgefühle zu suggerieren. Wir konzentrieren uns durch diese Anti-Aging-Hysterie ja insbesondere auf das Thema Alter und erzeugen gerade dadurch unnötig Unsicherheit, weil die Kluft zwischen der Realität, die absolut nicht negativ sein muss, und der Illusion, die vielfach unrealistisch ist, oftmals sehr groß ist.

Lange war das Thema Sex im Alter ein Tabu. Viele junge Menschen können sich kaum vorstellen, dass Eltern oder gar Großeltern ein interessantes Sexualleben führen. Mit 60 oder 80 Jahren noch leidenschaftliche Nächte? Warum nicht? Diese sehen zwar anders aus als mit 20, deswegen müssen sie nicht zwangsläufig weniger schön sein. Durch körperliche Veränderungen im Alter kommt es aber häufig zu Verunsicherung und Ängsten. Daher sind Information und Aufklärung über dieses durchaus natürliche Thema besonders wichtig, um die Chance für eine erfüllte Sexualität im Alter ins rechte Licht zu rücken. Sex ist auch im Alter gesund, hält jung, macht glücklich und stimuliert das Immunsystem. Haben Sie keine Scheu, besprechen Sie diesbezügliche Fragen ganz offen mit Ihrem Partner und lassen Sie sich wenn nötig von Ihrem Arzt beraten.

Weder der Einzelne noch die Gesellschaft fragen sich nach den positiven Aspekten des Alterns. Untersuchungen haben ergeben, dass ältere Menschen, die sich ihres Lebens erfreuen, gesünder älter werden als diejenigen, die das Defizitmodell des Alters verinnerlicht haben. Alter ist kein Defizit!!! Genießen Sie jeden Tag Ihres Lebens.
Unlängst kam eine 79-jährige Dame in meine Praxis. Sie war sehr gepflegt, hatte wunderschöne weiße Haare, einen schicken Kurzhaarschnitt, trug Jeans, eine bunte Bluse

und modische Schuhe. Sie lächelte mich freundlich an, als ich sie hereinbat, doch ihre Augen waren müde, ohne Glanz, ihr Gesicht war traurig, der Händedruck schwach, die Schultern hingen ein wenig herab, der Gang war schwerfällig. Im Gespräch stellte sich heraus, dass sie auf sanften Befehl ihrer Tochter in meine Praxis gekommen war. Es fehle ihr ja nichts, ginge ihr gesundheitlich so weit gut, sie könnte ja zufrieden sein, meinte sie. Doch sie war es nicht. Sie hatte ein außergewöhnliches Leben ebenso außergewöhnlich gemeistert, vier Kinder großgezogen, war immer für ihre Familie da und hat wie die meisten Menschen ihrer Generation schwerste Zeiten erlebt. Ihre Jugend war ihr durch den Krieg gestohlen worden und der Alltag immer voll von Verpflichtungen und viel Arbeit. Nun aber, so seufzte sie, gehe es ihr zwar gut, doch sei sie sehr müde und doch schon so alt, bereit zu sterben. Ich ging darauf ein und fragte sie, warum sie sterben will. »Weil ich nicht mehr gebraucht werde«, war die Antwort. Ich fragte sie nach ihren Enkelkindern. Sie habe doch schon drei Urenkel, meinte sie lächelnd, und alle seien gesund. Ihre Augen begannen dabei ein wenig zu leuchten. »Na, da haben Sie aber reichlich früh begonnen, das ist ja kaum möglich!«, erwiderte ich. Und plötzlich begann sie zu erzählen, von ihrer Jugend, den schweren Jahren des Aufbaus, der jungen Familie, den wirtschaftlichen Sorgen und von den vielen schweren und doch schönen Zeiten, die sie erlebt hatte. Sie war auf einmal ganz verändert, angeregt saß sie mir gegenüber, ihre Schultern gestrafft, ihr Gesicht entspannt, ihre Augen wach und freudig. Als sie mir dann noch erzählte, wie gerne sie ein Buch lese, machte ich ihr einen für sie ungewöhnlichen Vorschlag. »Schreiben Sie doch selbst Ihre Lebensgeschichte auf«, sagte ich. »Sie haben so viel erlebt und viel zu erzählen!« Sie wehrte ab, mit einem koketten Lächeln, doch ich spürte – die Idee gefiel ihr. »Wenn Sie nicht mehr ›gebraucht‹ werden, dann schreiben Sie doch alles für Ihre Familie auf«, sagte ich noch einmal. Im weiteren Gespräch stellte sich heraus, dass sie doch »gebraucht« wird von ihrer Familie, nur nicht in der Form, wie das für sie und ihren Tagesablauf gut möglich wäre. »Ich fühle mich überfordert und deswegen habe ich mich zurückgezogen«, sagte sie. In die nächste Stunde bat ich ihre Tochter mitzukommen. Für mich ist es immer wieder eindrucksvoll, wie belastend eine missverständliche Kommunikation innerhalb einer Familie sein kann. Mittlerweile wird meine Klientin von ihrer Familie in der Form »gebraucht«, dass sie sich dadurch nicht überfordert fühlt. In ihrer letzten Beratungsstunde hat sie mich total überrascht, indem sie mir fünf Seiten mit wunderschöner Handschrift zeigte und sagte: »Das ist der Anfang, es macht mir wirklich Spaß, mein Leben aufzuschreiben. Stellen Sie sich vor, ich hätte nie gedacht, mich noch einmal so wohl zu fühlen.«

Ich bin mir durchaus darüber im Klaren, dass die Gesundheit eine große Rolle für ein freudevolles Alter spielt, aber das gilt eigentlich genauso für junge Menschen. Daher sind Gesundheit und eine heitere Lebenseinstellung so enorm wichtig, denn die Mehrheit der heute lebenden Menschen wird viel länger leben, als dies je zuvor der Fall war. Vertrauen Sie sich der Weisheit älterer Menschen an, auch wenn Sie vielleicht erst durch eine harte Schale zum weisen, weichen und humorvollen Kern kommen. Es lohnt sich.

7. Ich liebe dich, weil du genau so bist, wie du bist!

Moderne Diagnostik ist aus unserer westlich zivilisierten Welt nicht mehr wegzudenken und das gibt ja auch Sicherheit. Ist die Diagnose Teilleistungsstörung oder das Aufmerksamkeits-Defizit-Syndrom (ADS), das sehr oft mit Hyperaktivität einhergehen soll (ADHS), sollte man aber eher daran zweifeln und nicht verzweifeln. Schon im Kindergarten, spätestens aber mit dem Schuleintritt werden Eltern immer häufiger damit konfrontiert, dass ihre Kinder Defizite haben.

Wenn man aber gelernt hat, die Aufmerksamkeit auf Fehler zu lenken, lebt man in einer sehr anstrengenden Welt. Wer problemorientiert und nicht ressourcenorientiert ist, wer immer schaut, was er nicht kann, und nicht darauf achtet, was er sehr wohl kann, der trägt ständig einen Stein um den Hals. Mit »Diagnosen« muss man also sehr verantwortungsvoll umgehen, denn das so wichtige Selbstwertgefühl von Kindern kann dadurch nachhaltig verletzt werden. Viel zu viele Kinder schlucken jeden Tag Psychostimulanzien, die einerseits ruhig und andererseits aufmerksam machen sollen. Jörg Blech zeigt in seinem Buch »Die Krankheitserfinder – Wie wir zu Patienten gemacht werden«, dass man Kindern auch ohne Pillen helfen kann, beispielsweise schon durch geringfügige Änderungen im Alltag.

Für die Entwicklung eines Kindes sind Diagnosen dieser Art – in den meisten Fällen – wenig hilfreich. Im Gegenteil. Die Konzentration auf die vermeintliche Störung verunsichert Kinder, kann zur »selbst erfüllenden Prophezeiung« werden und fordert Minderwertigkeitsgefühle geradezu heraus. In der Leistungsgesellschaft gibt man der Entwicklung eines Kindes kaum noch Zeit und hat es verlernt, die Einzigartigkeit, vor allem aber die Ganzheit des Menschen zu begreifen. Die große Gefahr ist der Bewertungsmaßstab, an dem wir uns alle messen oder von Experten gemessen werden. Fördern und fordern Sie die individuellen Fähigkeiten ihres Sprösslings, am besten durch Vertrauen in das »ganze« Kind.

Mit der Schule beginnt der »Ernst des Lebens«. Warum verwenden wir eigentlich diese Phrase im Zusammenhang mit der Schule? Schule könnte und sollte doch auch Lebensfreude bedeuten. Gerade die Jahre zwischen dem sechsten und dem elften, zwölften Lebensjahr sind doch die wunderbarsten, die man sich nur vorstellen kann. Die frühkindlichen Abhängigkeiten sind zu diesem Zeitpunkt vorbei und die Jahre der Pubertät haben noch nicht angefangen. In diesen Jahren ist es besonders wichtig, Kinder zu fördern und ihr Einfühlungsvermögen für die Bedürfnisse anderer Menschen zu wecken. Einfühlungsvermögen ist ein wahres Zauberwort im Umgang mit anderen Menschen. Die in den letzten Jahren so gepriesene »ICH AG« hat meines Erachtens kläglich versagt. **»Das Ich ist die wahre Brutstätte der Angst«**, sagt Sigmund Freud. Und Angsterkrankungen nehmen drastisch zu. Deswegen vielleicht doch wieder weniger »ICH AG«, dafür mehr »WIR GmbH«.

Kinder werden im Alltag recht häufig mit negativen Äußerungen bedacht, wie z. B.: »Du bist total verrückt« – »Bei dir ist sowieso Hopfen und Malz verloren« – »Du bist doch zu allem zu blöd« – »Wenn du nicht sofort ..., dann hab ich dich nicht mehr lieb«. Solche Aussprüche vermitteln aber dem Kind, dass es minderwertig ist, und diese oftmals achtlos gemachten Du-Botschaften wirken dann im Unterbewusstsein weiter. Sie führen in der Folge zu einem stark reduzierten Selbstwertgefühl und sind der Grundstein zum Unglücklichsein und für Angst. Es gibt nichts Schlimmeres als nicht verstanden oder beschämt zu werden – übrigens ganz egal ob man ein Erwachsener oder ein Kind ist. Wie sagt doch Friedrich Nietzsche so treffend: **»Was ist das Menschlichste? Jemandem Scham zu ersparen.«** Und das ist in den ersten Lebensjahren besonders wichtig, ja geradezu unerlässlich. Denn wenn schon die frühesten Erfahrungen zeigen, dass alles falsch ist, wie soll dann Vertrauen in sich selbst oder in andere Menschen entstehen? Entscheidend für die bestmögliche emotionale Entwicklung von Kindern ist daher sowohl das, was wir zu ihnen sagen, aber auch die Art, wie wir es sagen, und dass wir ihnen vertrauen.

Und gerade dieses Vertrauen ist so unsagbar wichtig für eine gesunde Persönlichkeit. Das Drogenproblem, Depressionen und all die psychosomatischen Erkrankungen haben immer viele Ursachen. Eine davon – und darüber sind sich alle Fachleute einig – ist der soziale Einfluss, der seine Spuren hinterlässt. Die Modelle der autoritären und antiautoritären Erziehung sind meiner Meinung nach völlig ungeeignet, damit aus Kindern selbstsichere Menschen werden. Heute sollte der Begriff »Erziehen« vor allem um den Begriff »konstruktives Verhandeln« bereichert werden.

Ich weiß, wir Erwachsenen sind auch nicht immer gut drauf und Kinder können bisweilen recht schwierig sein. Trotzdem: Erziehung entscheidet sich immer am Umgang mit unseren Kindern, das heißt, wir sind Vorbilder. Daher sollten entnervte Eltern, gestresste Alleinerzieher, überarbeitete berufsmäßige Erzieher und wir alle nicht vergessen, selbst immer wieder Energie und Humor aufzutanken. Denn nur so können wir die wichtige Rolle, glückliche, selbstbewusste Kinder zu erziehen, positiv gestalten. Vertrauen Sie viel öfter auf die Kraft des Lobes und sagen Sie zu Ihrem Kind: »Ich liebe dich, weil du genau so bist, wie du bist!« Die größte Angst der Kinder ist es doch, die Liebe der Mutter oder des Vaters zu verlieren, wenn sie mit einem Fünfer nach Hause kommen oder beim Spielen sich die Hose zerrissen haben. Wer ihnen dann die Sicherheit gibt – Ich liebe dich, weil du genau so bist, wie du bist –, festigt ihr Selbstwertgefühl und nimmt ihnen die Angst für den Rest ihres Lebens.

8. Humor als Perspektivenwechsel

Unsere Wahrnehmung wird durch Kippfiguren vor eine nicht einfache Aufgabe gestellt. Ein und dieselbe Figur hat zwei Bedeutungen. Es liegt im Auge des Betrachters, was er in der Figur erkennt. Der Philosoph Ludwig Wittgenstein stellt uns mit dem Hasen-Enten-Kopf vor eine diffizile Aufgabe. Diese Figur kann man abwechselnd als eine Ente, aber auch als einen Hasen sehen. Das Faszinierende daran ist, dass dic Linien auf dem Papier gleich bleiben, unsere Augen bleiben gleich, nur etwas in unserem Kopf springt um. Was gerade noch als Ente wahrgenommen wurde, erscheint plötzlich als Hase und dann wieder umgekehrt. »**Dass das Leben problematisch ist, heißt, dass dein Leben nicht in die Form des Lebens passt. Du musst dein Leben verändern und dann verschwindet das Problematische.**« Ludwig Wittgenstein formulierte in diesem Satz, wie enorm wichtig Veränderung bei belastenden Lebensumständen ist, denn er verstand sich als Philosoph, der gleichsam wie ein Therapeut agierte.

In einer Welt, die jeden Einzelnen von uns zumindest zeitweise stresst, lohnt es sich, die Dinge des Lebens aus einem neuen Blickwinkel zu sehen. Das Gute an dieser Erkenntnis ist, dass wir in fast allen Belangen des Lebens mehr als nur eine Auslegung haben, und wir könnten in sehr vielen Situationen im Kopf so manchen unserer Gedanken von negativ auf positiv »umspringen« lassen, um zu einer anderen Sichtweise zu gelangen. Ganz genau wie das die Hase-Ente-Figur zeigt. **»Sie müssen die Änderungen werden, die Sie in der Welt sehen möchten.«** (Mahatma Gandhi) Um die heitere Seite in uns zu finden, spielt daher die Einstellung zu anderen Menschen eine entscheidende Rolle. Sie ist die Voraussetzung dafür, wie wir miteinander umgehen.

Eine humorvolle Sichtweise entlarvt unsere negativen Einstellungen, die von einer »ernsten« Haltung nur bisweilen oder gar nicht wahrgenommen werden können. Humor sensibilisiert uns nämlich dafür, neue Zusammenhänge zu erkennen, und kann auf diese Weise zu einem für ein stabileres Leben so notwendigen Perspektivenwechsel beitragen. Eine unnachgiebige bis gar nicht veränderbare Perspektive schränkt sowohl Handeln als auch Denken derart ein, dass ein entspannter Lebensstil kaum mehr möglich ist. Was sich in vielen Untersuchungen eindeutig zeigte, ist, dass Entspannung zu den wichtigsten Maßnahmen im Kampf gegen die Folgen von krankmachendem Stress gehört. Lachen und Humor ist Entspannung pur und das fördert eine positive Haltung gegenüber den scheinbar unumstößlichen Regeln und Normen, die für viele von uns so kränkend sein können – und was kränkt, macht krank. In der Phase der Entspannung können starre Verhaltensmuster durch flexiblere viel einfacher ersetzt werden.

Die leichteste Übung, die Sie wirklich überall und ohne

die geringste Anstrengung machen können, ist die »Perspektivenübung«:

Übung
Stellen Sie sich ganz locker aufrecht hin. Konzentrieren Sie sich darauf, was Sie aus dieser Position alles wahrnehmen können. Bleiben Sie mit beiden Füßen unverändert fest am Boden stehen und drehen Sie nur Ihren Oberkörper – egal in welche Richtung. Durch diese geringfügige Drehung haben Sie auf einmal eine ganz andere Perspektive. Ohne dass Sie auch nur einen Schritt gemacht haben, werden Sie völlig andere Dinge sehen und wahrnehmen. Für das Thema Lebenseinstellung bedeutet das, man kann auch ohne großartige Veränderungen neue Perspektiven und Einsichten gewinnen – und alleine dieser Umstand wirkt schon entspannend. Probieren Sie es einfach aus, denn es gibt nichts Gutes, außer man tut es.

Körper und Psyche reagieren jedes Mal mit Anspannung auf disharmonische Prozesse, wie z. B. Überlastung, enorme Arbeitsintensität, Partner- oder Familienkonflikte, Konflikte am Arbeitsplatz – egal ob Mobbing oder die Angst um den Verlust des Arbeitsplatzes. Und auch von Existenzängsten sind immer mehr Menschen betroffen. Zusätzlich wird Einsamkeit ein Problem von sehr vielen Menschen, denn auch Jugendliche entscheiden sich sehr oft für das Singledasein. Alleine leben kann mitunter sehr angenehm sein, bringt aber nicht nur Vorteile.
Heitere Gelassenheit klingt für viele Menschen daher wie ein Fremdwort, Stress und Frust sind, so behaupte ich, die heute am meisten verwendeten Worte. Da darf man sich nicht wundern, dass Ersatzdrogen immer häufiger eingenommen werden, obwohl es mittlerweile auch wissen-

schaftlich belegt ist, was der Volksmund schon lange weiß: **»Lachen ist die beste Medizin.«** Daher lachen Sie möglichst viel, um erst gar nicht in ein dauerndes Stimmungstief zu fallen.

Eine Klientin, nennen wir sie Frau X, kam zu mir in die Praxis und begann das Gespräch: »Ich habe keine Kraft mehr.« Schon am Telefon bei der Terminvereinbarung war mir aufgefallen, dass ihre Stimme sehr schwach klang, fast tonlos. »Ich nehme schon seit Jahren Beruhigungsmittel, um das Leben auszuhalten«, sagte sie. Ähnliche Formulierungen höre ich immer öfter. Eigentlich eine gute Lösung! Ein Allheilmittel, das den gestressten Menschen ein angenehmes Leben garantiert. Und wir müssen gar nichts dazu tun! Wir müssen einfach nur die »rosarote« Pille schlucken. Und dann schlucken wir alles, was das Leben so an unangenehmen Dingen beschert, auch viel leichter hinunter. Bravo! Wir vergessen dabei aber, dass, je weniger wir uns dem Leben stellen, desto bedrohlicher wird es. Je größer die vermeintliche Sicherheit durch die Tablette, desto größer das Bedürfnis nach noch mehr Sicherheit, die dann aber nur mehr mit dem Medikament erlebt werden kann. Ein Teufelskreis, der in dem Satz enden muss: »Ich habe keine Kraft mehr.«

Der Begriff »loslassen« wird heutzutage als ein probates Mittel gepriesen, das vieles leichter macht. Ich denke, wir sollten den Begriff »einlassen« wieder mehr ins Spiel des Lebens bringen, das heißt, sich auf sich selbst, andere und das Leben per se wieder mehr einlassen. Wir haben verlernt, das Leben »trotzdem« zu lieben. Sich einlassen auf das Leben ist meiner Erfahrung nach die beste Garantie für den Satz: »Ich habe mehr Kraft!«

Nachdem Frau X mir sozusagen die aktuellen Ereignisse aus ihrem Leben geschildert hatte, entwickelte sich folgendes Gespräch:

»Zugegeben, Ihre Situation ist wirklich beschissen, aber jedes Ding hat zumindest zwei Seiten. Warum starren Sie nur auf die eine, die Sie frustriert und unglücklich macht?«
Meine Klientin schaute mich ungläubig an. »Aber was ist die andere Seite?«, fragte sie unsicher, »ich sehe sie nicht.« Und sie wiederholte, während ihr die Tränen über die Wangen herunterliefen, »ich sehe sie nicht.«
»Haben Sie heute schon gelacht?«, fragte ich.
Ein leises, erstauntes und doch ärgerliches Nein war die Antwort, während sie nach ihrem Taschentuch suchte. »Lachen? Mir ist das Lachen schon lange vergangen. Mein jüngerer Sohn hat ein entsetzliches Drogenproblem, ich habe gerade größte Schwierigkeiten in meinem Job und mein Mann ist nach mehr als 24 Jahren Ehe kurz vor der Silberhochzeit mit seiner Freundin auf Urlaub gefahren und hat mir gesagt, dass er nachher auszieht.«
Ohne näher darauf einzugehen, sagte ich: »In Amerika z. B. soll es dieses ›Medikament‹ sogar schon auf Rezept geben. Aber auch hierzulande hat man mittlerweile eingesehen, dass Humor eine gesundheitsfördernde Wirkung hat. Haben Sie schon einmal von den Clowns in den Spitälern gehört, die auch schwerkranke Patienten wieder zum Lachen bringen?«
»Welches Medikament gibt es in Amerika auf Rezept?«, fragte sie nun lauter, aber noch immer ärgerlich.
»Humor, Heiterkeit, Freude, Lachen, also Streicheleinheiten für die Seele«, sagte ich.
»Sie meinen Humor statt Frust. Und wie soll ich das machen?« Ungläubig schaute sie mich an.
»Indem Sie einmal auch die zweite Seite anschauen. Gibt es irgendetwas im Ihrem Leben, was Ihnen angenehm ist?«
»Nein«, war die spontane, aber diesmal sehr sichere Antwort. »Außerdem kann ich mir überhaupt nicht vorstellen, dass ein Schwerkranker lachen will.«

»Warum eigentlich nicht?«, fragte ich. »Meiner Erfahrung nach ist es gerade in schwierigsten Situationen notwendig, auch die andere Seite zu sehen. Denken Sie z. B. an Kinder – vielleicht erinnern Sie sich an Ihre eigenen: Die weinen und lachen manchmal doch wirklich gleichzeitig.«

»Ja schon, ich erinnere mich, der Alexander hat das öfter gemacht, wenn mein Mann seinen Teddy hinter dem Rücken versteckt hat, und wenn der Alex dann zu weinen begonnen hat, hat mein Mann ihn sofort wieder hervorgezaubert, dann ist das Weinen plötzlich ein Lachen gewesen, ganz ohne Übergang.«

»Also ist es möglich, beide Gefühle mehr oder weniger gleichzeitig zu haben.«

»Ja schon, aber ich bin kein Kind mehr«, sagte sie auf einmal in einem völlig anderen Ton und ein kurzes Lächeln veränderte Ihr Gesicht. »Ich weiß nicht, ob das jetzt passt, aber da fällt mir der Spruch ein, den meine Oma immer gesagt hat: ›Mit den Steinen, die uns im Wege liegen, können wir auch etwas Schönes bauen.‹ Meine Oma war so ein fröhlicher Mensch, obwohl mein Großvater und zwei ihrer Söhne im Krieg gefallen sind.«

»Und genau das ist ein sehr schönes Beispiel. Wir können die Dinge oder das, was wir Menschen Schicksal nennen, oft nicht ändern, aber unsere Einstellung zu den Dingen, die können wir ändern und dabei kann Humor sehr hilfreich sein.« – **»Nicht die Dinge selbst beunruhigen die Menschen, sondern ihre Urteile und Meinungen über sie.«** (Epiktet)

Es würde jetzt den Rahmen dieses Buches sprengen, das ganze Gespräch wiederzugeben, ich wollte nur den Perspektivenwechsel zeigen, der bei belastenden Lebensumständen so wichtig ist. Die Klientin war zweimal bei mir, jeweils drei Stunden. (Vielen meiner Klienten ist es mittlerweile lieber, mein Angebot anzunehmen, nicht im üblichen 50-Minuten-Setting zu kommen, sondern zumindest eine Doppelstunde zu nehmen. Einzelne Beratungsstunden, die nur einmal die Woche stattfinden, sind meiner Meinung nach viel ineffizienter.) Frau X hat mich danach auch noch einige Male angerufen, bei ihrem letzten Anruf erzählte sie mir, dass sie geschieden ist und einen anderen Job hat. Ihr Sohn ist trotz einiger Entzüge nach wie vor drogenabhängig. Sie kann aber inzwischen gut damit umgehen, wie sie mir glaubhaft versicherte, und dadurch ihrem Sohn wieder viel besser helfen.

9. Entspannung im Alltag

»Makrotraumen«, damit meine ich zum Beispiel eine Scheidung, schwere Krankheiten, Unfälle oder den Tod eines geliebten Menschen, sind in der Regel relativ gut durch Zuwendung des sozialen Umfeldes abgesichert. Man stößt auf Verständnis von Familie, Freunden und Kollegen, es gibt ja auch einen triftigen Grund. Oder man nimmt professionelle Hilfe in Anspruch. »Mikrotraumen« wie all die täglichen Enttäuschungen und Ärgernisse, egal welcher Art auch immer sie sind, werden aber immer wieder damit abgetan: »So arg ist das doch nicht«, »Reiß dich zusammen« oder »Das muss der Mensch doch aushalten können«. Aber gerade die typischen Alltagskonflikte frustrieren und eskalieren, wenn man sie zu lange nicht beachtet – wir werden krank.

Die Natur hat uns Menschen deshalb mit einer wunderbaren Einrichtung ausgestattet, denn ein »Frühwarnsystem« versucht uns auf andauernde Überlastung aufmerksam zu machen: Es macht uns müde, lustlos, vielleicht gereizt oder apathisch, so mancher bekommt Kopfschmerzen, Rückenprobleme, Herzklopfen oder – was auch sehr häufig der Fall ist – Magenbeschwerden. Wenn wir aber nicht auf dieses »Frühwarnsystem« hören, verschafft sich unsere innere Stimme immer mehr Gehör, wird immer lauter: Angstzustände, Panikattacken oder Depressionen können die Folge sein.

Körper und Psyche halten viel aus, aber sie merken sich alles und präsentieren uns irgendwann die Rechnung. Denken Sie zum Beispiel an das Schmerzgedächtnis, das die moderne Medizin dadurch »austricksen« will, indem sie den Schmerz möglichst schnell unterbricht, damit er nicht chronisch wird.

Gelassenheit ist daher im Grunde für jeden Menschen wichtig. Ganz egal ob Sie meditieren, sich in irgendeiner Form sportlich betätigen, Jogaübungen machen oder eine humorvollere Einstellung zum Leben finden. Es ist nie zu spät, um geeignete Strategien für Entspannung im Alltag zu erlernen. Es gibt ja auch wirklich sehr viele Wege, um gelassen zu werden, Sie müssen nur einmal herausfinden, was am besten zu Ihnen passt und womit Sie im Alltag einfach umgehen können. Nun, es ist auch keine Frage der Zeit, sondern schlicht und einfach eine Frage Ihrer positiven Einstellung. Alle Untersuchungen und Studien weisen sehr eindrucksvoll nach, wie wichtig der Lebensstil für die Gesundheit ist. Die beste Krankheit ist noch immer die, die man nicht bekommt. Deswegen müssen wir unsere Gesundheit aus einem anderen, neuen Blickwinkel ansehen. Nicht nur die Behandlung, sondern vor allem das Vermeiden von Krankheiten sollte für jeden von uns Priorität haben und dabei spielt die Psyche eine große Rolle.

Prophylaxe
Damit es nicht kommt zum Knackse,
Erfand der Mensch die Prophylaxe.
Doch lieber beugt der Mensch, der Tor,
sich vor der Krankheit als ihr vor.
(Eugen Roth)

Viele meiner Klienten machen einfache Entspannungsübungen, die man jederzeit und ohne großen Aufwand machen kann, so wie Sie zum Beispiel Ihre Muskeln problemlos durch Isometrie trainieren können. Isometrie ist eine einfache Gymnastik, weil sie sich überall und unauffällig machen lässt. Dabei spannen Sie bestimmte Muskelgruppen – zum Beispiel Arm-, Bauch- oder Gesäßmuskulatur – kurz an und lassen dann wieder locker. Durch regelmäßige Wiederholungen wird so der Muskel trainiert.

Übung
Jede körperliche Aktivität wirkt sich auch positiv auf Ihre Seele aus und vertreibt schlechte Laune. Diese Übung z. B. können Sie problemlos überall machen: Verschränken Sie zunächst die Hände im Nacken. Atmen Sie dabei tief ein. Jetzt atmen Sie aus, lachen dabei und führen gleichzeitig langsam die Ellenbogen zusammen – spüren Sie einen leichten Druck im Nackenmuskel. Dann wieder tief in den Bauch einatmen und dabei die Ellenbogen öffnen.
Wiederholen Sie diese Übung einige Male.

Es ist wirklich möglich, überall und jederzeit Gelassenheit zu trainieren, um ungesunde Lebenseinstellungen zu verändern. Denn eines ist sicher: Gelassenheit und Humor sind die beste Strategie gegen den ganz normalen Alltagsfrust, der heute so vielen Menschen das Leben schwer macht.

Ein Zen-Mönch wurde einmal gefragt, warum er immer so große Ruhe und Zufriedenheit ausstrahlt, obwohl er den ganzen Tag hart arbeite. Er dachte lange nach und sagte dann: »Ich denke, das ist der Grund: Wenn ich stehe, dann stehe ich. Wenn ich gehe, dann gehe ich. Wenn ich laufe, dann laufe ich.« Da sagte einer der Zuhörer: »Das Gleiche tun wir doch auch. Wieso bist du zufrieden und glücklich, wir aber nicht?« Der Mönch antwortete: »Der Grund ist vielleicht der: Wenn ihr steht, dann geht ihr schon. Wenn ihr geht, dann lauft ihr schon. Wenn ihr lauft, dann seid ihr schon am Ziel.«

Auf unseren Alltag bezogen bedeutet diese Geschichte, dass wir uns nicht mit Gelassenheit auf eine Sache konzentrieren, weil wir schon bei den nächsten Aufgaben sind, und das macht uns nervös. In den meisten Fällen ist das aber keine Frage des Wollens – wir haben einfach viel zu viel zu tun. Der ganz normale Tagesablauf hat uns fest im Griff, eigentlich muss alles gleichzeitig bewältigt werden, sollte alles schon fertig sein, bevor wir überhaupt begonnen haben. Ganz besonders davon betroffen sind nach wie vor berufstätige Frauen, noch dazu wenn sie Familie haben und Tag für Tag Unglaubliches – meist auch noch unbedankt – leisten.
Denken Sie vielleicht in besonders hektischen Zeiten an die Geschichte vom Zen-Mönch. Erinnern Sie sich an ihn, wenn wieder einmal alles zusammenkommt und zumindest fünf Sachen auf einmal erledigt werden müssen. Obwohl sich der Tempowahn von heute nicht mit dem Leben eines Zen-Mönchs vergleichen lässt, weiß ich aus eigener Erfahrung – es hilft, wenn wir einen Schritt nach dem anderen tun.

10. Arbeit kann auch Spaß machen

Wir verbringen den größten Teil unsres Lebens am Arbeitsplatz und der Beruf hat im Leben vieler Menschen einen wichtigen Stellenwert. Das wird besonders deutlich, wenn sich zwei Menschen treffen, die sich nicht kennen und gegenseitig fragen: »Was sind Sie?« Dann wird mehr oder weniger immer der Beruf genannt. Alle anderen Antworten würden auf Erstaunen und Verwunderung stoßen. **»Die Arbeit ist wichtig, ohne Arbeit ist das Leben trostlos. Aber wenn die Arbeit seelenlos ist, erstickt das Leben und stirbt dahin.«** (Albert Camus) Und trotzdem werden die Worte Arbeit und Beruf leider viel zu oft mit Frust, Stress, Anstrengung, Fleiß und Pflicht verbunden. Arbeit kann aber auch Spaß machen! Wer seinen Beruf gerne ausübt, wird ihn nicht als Verpflichtung, sondern als Bereicherung empfinden, offen bleiben, stets weiterlernen und sich im Kreis der Menschen, Kollegen, Kunden, Patienten etc., die der Beruf mit sich bringt, sehr wohl fühlen. Diese Einstellung ist erlernbar, und zwar für jedermann und jeden Job. Dazu bedarf es aber der richtigen Rahmenbedingungen und diese stimmen nur allzu oft nicht. Dienstnehmer, welcher Art auch immer, sind abhängig von Entscheidungen ihrer Chefs und diese werden fast immer getroffen, ohne die Mitarbeiter in den Entscheidungsprozess einzubeziehen. Firmen, in denen neben den rein fachlichen Kompetenzen die »sozialen Kompetenzen«, auch »Soft Skills« genannt, in Entscheidungsprozesse integriert werden, sind erfolgreicher.
Menschen, mit denen man den ganzen Tag verbringt, kann

man sich im Gegensatz zum Privatleben nicht immer aussuchen. Es gibt sicher Kollegen, mit denen man so gar nicht kann. Da ist es besser, man spricht diesen Umstand ganz konkret aus, als dass man oft jahrelang darunter leidet und vergeblich versucht, einen Konsens zu finden. In so einem Fall ist es wirklich ratsam, die Abteilung zu wechseln. Lassen Sie sich aber nicht vom ersten Eindruck, den Sie sich vom anderen gemacht haben, täuschen, der kann sehr trügerisch sein. Vielleicht verändert sich Ihr Eindruck bei einem Kaffee oder Bier nach Büroschluss.
Kollegen und Chefs sind nicht zu ändern! Oder doch? Ja und nein, ein bisschen auf jeden Fall. Auf Dauer kann sich nämlich keiner einem positiven und lustigen Gemüt entziehen. Und alleine das birgt schon viel Änderungspotenzial in sich. Die Wechselwirkung zwischen eigener Befindlichkeit und der Reaktion der Umgebung ist nicht zu unterschätzen. Wie man in den Wald hineinruft, so schallt es zurück. **»Das Lächeln, das du ausstrahlst, kehrt zu dir zurück.«** (Indisches Sprichwort)
Sehr oft ist der Ruf aber ein negativer. Es gibt wenig Zuspruch, kaum ehrliche Anerkennung und viel zu selten Fairness. Das verunsichert oder macht unterwürfig, beides aber blockiert, drückt aufs Herz, macht Angst, Versagensangst, Angst, sich zu blamieren, die falsche Entscheidung zu treffen, kritisiert zu werden. Und dann noch der Neid und die Intrigen. Ein fröhliches Herz aber ist nicht neidig, es gönnt dem anderen alles, ein fröhliches Herz intrigiert nicht. Ein volles Herz läuft über und spricht, ein ängstliches Herz aber bleibt stumm und wird krank.
Fast jeder Zweite leidet bereits unter seiner Arbeitsplatzsituation. Warum ist das eigentlich so? Vor allem liegt es daran, dass viel zu wenig darauf geachtet wird, wie man mit Menschen umgeht. Menschlichkeit kommt in der Arbeitswelt viel zu kurz, obwohl sie die für den Erfolg so wichti-

ge Begeisterungsfähigkeit und ungeahnte Energien der Mitarbeiter fördern würde. Menschen entscheiden heute über den Unternehmenserfolg, nicht mehr Produkte. Dementsprechend »fit @ work« muss jeder einzelne Mitarbeiter sein. Die beste Strategie wird nur dann optimal zur Umsetzung gebracht, wenn sie von MitarbeiterInnen auch verstanden und mitgetragen wird.

Mobbing am Arbeitsplatz hat immer mit negativen Emotionen zu tun. Ich habe Angst vor dir, dass du mir etwas wegnimmst, dass du besser bist als ich, also mobbe ich dich, und das Ganze noch am besten heimlich, damit man mich nicht beschuldigt – vordergründig bin ich ja lieb zu dir und du merkst gar nicht, wie ich gegen dich arbeite. Der Begriff Mobbing ist relativ neu, das Phänomen leider nicht. Seit einigen Jahren wird es intensiv erforscht. Mobbing wirkt deshalb so destruktiv, weil der Mensch als soziales Wesen auf Kontakt und Dialog mit anderen angewiesen ist. Wer nicht mehr zur »Gruppe« gehören darf, fühlt sich existenziell und in seinem Selbstwert massiv bedroht, psychosomatische Erkrankungen sind die Folge und – kombiniert mit anderen belastenden Faktoren – nicht selten das Burn-out-Syndrom. Mobbing kommt fast überall vor: am Arbeitsplatz, in der Schule und sogar in der Familie. Der Einzelne muss sich daher intensiv mit der dunklen Seite seiner sozialen Natur auseinander setzen. Mobbing ist eine der teuersten Krankheiten, der volkswirtschaftliche Schaden, der jedes Jahr durch diese Form sozialer Ächtung entsteht, wird auf einige Milliarden Euro geschätzt, vom menschlichen Leid gar nicht zu reden.

Sind Chefs und Manager wirklich humor- und seelenlos, wie das oft behauptet wird? In Österreich leiden immerhin ca. 800.000 Menschen an Depressionen. Angsterkrankungen nehmen stark zu und die auch durch emotionalen Stress ausgelösten Herz-Kreislauf-Erkrankungen stehen noch immer an erster Stelle der Todesursachen. Und wie schon gesagt, wir verbringen den größten Teil unsres Lebens am Arbeitsplatz.

Wenn permanenter Druck überwiegt, bleiben Leistung, Persönlichkeit und Privatleben auf der Stecke. Negativer Stress ist in wirtschaftlich schwierigen Zeiten und in einer hochtechnisierten Arbeitswelt das gesundheitliche Hauptproblem unserer Zeit. Die damit verbundenen Erkrankungen werden zunehmend zur Herausforderung. 85 Prozent der Manager und Führungskräfte zeigen bei Gesundheits-Checks vegetative Beschwerden. Daher ist es für Unternehmen und Manager gleichermaßen relevant, bewusst und ohne Scheu mit dem Thema Stressbewältigung umzugehen, denn nicht bewältigter Stress wirkt sich negativ auf das Betriebsklima und dadurch auch auf die Präsentation des Unternehmens nach außen aus.

Humor ist dafür ein wirksames – und wie schon gesagt – nebenwirkungsfreies Mittel. Menschen kommen durch Humor rascher, kreativer und motivierter zu Lösungen, denn es kommt darauf an, sich von seinen Blockaden zu lösen und die Dinge mit heiterer Gelassenheit zu betrachten. Wer über sich selbst lachen und noch in den schwierigsten Situationen das Komische erkennen kann, eröffnet sich neue Möglichkeiten und Perspektiven. Probleme lassen sich mit Wut und Ärger weder im Job noch sonst wo lösen – ganz im Gegenteil. Wer die Welt nur noch durch die Brille des Zornes und des Ärgers sieht, hat bald keinen Durchblick mehr und schadet dadurch sich und den anderen.

Die neuesten Erkenntnisse der Emotionsforschung weisen eindrucksvoll nach, dass positive Gefühle nicht nur die Gesundheit, sondern auch die Leistung fördern, die eigene genau so wie die der Mitarbeiter. Wohlgelaunte Menschen werden von anderen als akzeptabler, kompetenter und vor

allem als sympathisch wahrgenommen und das wirkt sich nicht nur äußerst positiv auf Kunden und deren Kaufverhalten, sondern auch auf Kommunikationsabläufe und das Betriebsklima aus. Krankenstände werden dadurch drastisch reduziert. Wenn also Führungskräfte mehr Humor zulassen, führt das zu einer verbesserten Lebensqualität für alle Beteiligten.
Humor in den Arbeitsalltag zu integrieren bedeutet auch hier, alle Ereignisse mit einem augenzwinkernden, versöhnlichen Blick zu betrachten, Humor ist somit ein wirksamer Perspektivenwechsel und ermöglicht konstruktives Handeln auch in unangenehmen und schwierigen Situationen.
Eine Sache mit Humor zu betrachten heißt nicht, ihren Ernst zu verkennen! Das ist eine Erkenntnis, die nach und nach noch in unsere Köpfe hinein muss.
Eines ist in allen Fragen des Jobs aber sicher: dass jeder Mensch für das, was er leistet, echte Anerkennung braucht. Anerkennung gehört zum Berufsleben wie die Butter aufs Brot. Denn Anerkennung aktiviert die Lust, jederzeit das Beste zu geben.

11. Phänomen Stress

Noch nie war sie so groß, die Entscheidungsfreiheit der Menschen in den westlichen Industrieländern. Orientierungsstress ist dadurch heute ein täglicher Begleiter. All die Freiheiten und Möglichkeiten werden zum Zwang, auch alles nutzen zu können. Daher ist auch mehr Eigenverantwortung gefragt.

Der Druck, sich ohne orientierendes Zeitmaß im Leben zurechtzufinden, wird in Zukunft noch größer werden. Immer beherrschender wird dadurch auch die Angst, vielleicht doch nicht das Richtige zu tun. Und wir versuchen all dem mit noch mehr Beschleunigung zu entrinnen, eine Hoffnung, die sich aber bis jetzt nicht erfüllt hat, im Gegenteil. Sie und ich wissen doch aus eigener Erfahrung ganz genau, dass es so nicht weitergehen kann. Wir versuchen aber beharrlich, mit Hilfe modernster Technik noch schneller zu werden, uns immer mehr von den Rhythmen der Natur abzukoppeln. Aber wir vergessen scheinbar darauf, dass wir ein Teil der Natur sind, und wir werden dies auch trotz des immensen technischen Fortschrittes und Tempowahnes bleiben.

Um nur ja kein Missverständnis zu provozieren: Geschwindigkeit ist nicht immer nur falsch. Ein Notarzt sollte am besten sehr schnell am Unfallort sein, aber der Fahrer, der mit seinem Auto wo hineingerast ist, der war offenbar zu schnell und wäre langsamer besser daran gewesen.

Und dazu kommt eine noch nie da gewesene Informationsflut z. B. durch das Internet – und das rund um die Uhr. Selbst die Bundeshymne ertönt nicht mehr, die einst den Sendeschluss im Fernsehen signalisierte, da es keinen

Sendeschluss mehr gibt. Dafür aber unzählige Programme und wir müssen nun selbst entscheiden, wann wir zu Bett gehen. Durch diese immer vielfältigeren Wahlmöglichkeiten entsteht bei vielen Menschen das Gefühl, etwas versäumt, vielleicht doch nicht das Richtige getan zu haben.
Stress ist ein oft missverstandenes Phänomen. Denn einerseits ist Stress lebensnotwendig, andererseits macht er uns das Leben schwer. Und es gehört heute ganz einfach zum guten Ton, Stress zu haben. Ich kenne kaum noch jemanden, der nicht bei jeder Gelegenheit sagt, dass Stress in seinem Leben eine große Rolle spielt. Achten Sie einmal einen Tag lang genau darauf, Sie werden sich wundern, wie oft Sie den Satz hören: »Ich bin total im Stress.« Normalerweise ist dann die Antwort darauf: »Ich auch, ich habe irrsinnig viel zu tun.«
Unterbrechen Sie dieses Muster doch einmal, indem Sie antworten: »Ja, ich habe viel zu tun, aber mit einer positiven Einstellung komme ich damit sehr gut zurecht.« Was besonders nachdenklich stimmt: Kinder und Jugendliche sind schon fast mehr vom negativen Stress betroffen als Erwachsene. Die Anforderungen an sie werden immer größer, gleichzeitig werden Schulstress und Leistungsdruck aber oftmals unterschätzt. Die Leistungsgesellschaft erzeugt eben Druck – von der Wiege bis zur Bahre!
Viele von uns denken, Stress ist ein notwendiges Übel. »So ist das Leben, ich kann aber nichts dagegen tun«, höre ich dann immer, wenn es schon fast zu spät ist und Seele und Körper immer lauter um Hilfe schreien. Man *kann* nicht nur etwas tun, sondern man *muss* etwas tun. Lernen Sie Ihre »Stressoren«, Ihre Stress-Auslöser, bewusst wahrzunehmen, damit haben Sie schon viel gewonnen. Entscheidend für die Stressprophylaxe ist es, die Grenzen der Veränderbarkeit zu erkennen. Oft haben schon kleine Veränderungen eine sehr große Wirkung – denken Sie an die

Perspektivenübung (s. S. 48). Vermeiden Sie negative Einstellungen! Ärgern Sie sich nicht darüber, was alles passieren könnte, sondern konzentrieren Sie sich auf die positiven Dinge im Leben. **»Man kann erst über die Brücke gehen, wenn man bei ihr angekommen ist.«** Damit aktivieren Sie Ihr Wohlfühl-Zentrum im Gehirn und »füttern« Ihren Organismus mit Dopamin, das ist ein Botenstoff, der sehr zu Ihrem Glücklichsein beiträgt.
Wir Menschen sind nicht für permanente »Höchstgeschwindigkeit« konstruiert, wir müssen daher wieder lernen, langsamer zu werden. **»Hast du es eilig, so mache einen Umweg«**, sagt ein japanisches Sprichwort. Veränderungen im täglichen Leben gehen immer schneller vor sich und stellen dadurch hohe Anforderungen an Psyche und Körper des modernen Menschen, der sich selbst als Homo sapiens – der weise Mensch – bezeichnet. Um sich seiner Weisheit auch ganz sicher zu sein, wurde »sapiens« verdoppelt – die korrekte Bezeichnung unserer Spezies ist daher Homo sapiens sapiens. Das ist auch gar nicht so falsch, denken Sie nur, was die Menschheit alles zuwege gebracht hat; alleine der Computer, mit dem ich dieses Buch schreibe – von unseren Ausflügen ins All rede ich erst gar nicht –, hat doch auch etwas mit Weisheit und Einsicht zu tun. Andererseits ist von der »doppelten« Weisheit nicht viel zu bemerken, wenn es um die grundlegenden Erkenntnisse des Menschseins geht, denn immer mehr Menschen auf diesem Planeten sind zutiefst frustriert, verunsichert und verängstigt.

Sprichwörtliches
Ein Mensch bemerkt mit bitterm Zorn,
Dass keine Rose ohne Dorn.
Doch muss ihn noch viel mehr erbosen,
Dass sehr viel Dornen ohne Rosen.
(Eugen Roth)

12. Das psychische Immunsystem

Wir wissen heute sehr genau, dass für das gute Funktionieren des Immunsystems eine gesunde Lebensweise wichtig ist und dass das seelische Gleichgewicht dabei eine entscheidende Rolle spielt. Eine entsprechende Balance zwischen Körper und Psyche ist daher absolut notwendig, um das Immunsystem zu stärken. Auch hier bietet der Volksmund viel Erfahrung, um diesen Zusammenhang deutlich zu machen: »Mir ist eine Laus über die Leber gelaufen«, »Da kommt mir die Galle hoch«, »Ich nehme mir etwas zu Herzen«, »Das geht mir an die Nieren«, »Das liegt mir im Magen« und ähnliche Redewendungen zeigen den engen Zusammenhang von Gefühlen und Körper.

Emotionen sind für unser geistiges Leben das, was für den Körper das Immunsystem ist. Sie haben gewissermaßen dieselbe Funktion, sie sollen das zulassen, was uns gut tut, und vor allem das abwehren, was uns bedroht. Mittlerweile ist es auch wieder vielen Menschen klar geworden, dass Geist und Körper, Verstand und Gefühl für ein »ganzheitliches« Menschenbild eine untrennbare Einheit sind. **»Der Mensch vergesse eines nicht, auch Unwägbares hat Gewicht.«** (Eugen Roth)

Es ist heute unbestritten, dass trotz all der imponierenden Geistesleistungen vorwiegend Gefühle und Emotionen unser Leben steuern. In jeder Sekunde unseres Daseins durchfließen uns Gefühle und wir werden von Emotionen geleitet. Und erst wenn wir ihre Botschaften genau verstehen und richtig deuten, kann und wird unser Leben besser gelingen. Wir haben es verlernt, auf unsere innere Stimme zu hören, zu laut ist es rund um uns geworden, zu viele Möglichkeiten gibt es, die in einem begrenzten Leben ergriffen werden müssen, ganz egal ob die Seele damit auch einverstanden ist. In unserem materialistischen Weltbild hat die Seele keine Existenzberechtigung mehr. Und doch existiert sie, das spürt man sehr deutlich, wenn sie krank ist.

Leib und Seele
Ein Mensch missachtet die Befehle
Des bessern Ich, der zarten Seele –
Bis die beschließt, gekränkt und schwer:
Mit dem verkehre ich nicht mehr.
Sie lebt seitdem, verbockt und stumm,
Ganz teilnahmslos in ihm herum.
(Eugen Roth)

Hören Sie daher permanent auf Ihr besseres Ich, auf Ihre zarte Seele, damit diese nicht stumm und verbockt, sondern mit großem Behagen in Ihnen lebt.
In den letzten Jahrzehnten verzeichnen vor allem Allergien und bestimmte Krebserkrankungen große Steigerungsraten. Es ist mit hoher Wahrscheinlichkeit nachgewiesen, dass diese Erkrankungen mit Schadstoffen zu tun haben, mit denen der menschliche Körper offenbar nicht mehr fertig wird. Die Evolutionsgeschichte hat uns Menschen dafür nicht vorbereitet, sodass unser Immunsystem überfordert ist.
Der Umweltschutz hat in unserer Gesellschaft mittlerweile einen hohen Stellenwert. Es zeigt sich, dass durch ein Umdenken – wenn auch noch viel zu wenig praktisch umgesetzt – die Umweltverschmutzung verringert werden kann. Der »Innenweltschutz« scheint aber noch in den Kinderschuhen zu stecken, denn im psychischen Bereich

wird eine drastische Zunahme von Angsterkrankungen, Depressionen, Suchtverhalten und dem Burnout-Syndrom registriert, was ich leider auch jeden Tag in der Praxis feststellen muss. Analog zu unserem körperlichen Immunsystem zeigt sich, dass auch unser psychisches Immunsystem durch die große Menge an Reizen, mit denen wir zurechtkommen müssen, dauernd überfordert wird. Die Vielfalt der Reize kann nicht mehr adäquat verarbeitet werden. Es fehlt uns an den so wichtigen Entspannungsphasen, und das, obwohl wir immer wieder hören und lesen können, wir leben in einer so genannten Freizeitgesellschaft.

Übung
Umspannen Sie mit Daumen und Zeigefinger der einen Hand das Handgelenk der anderen Hand. Jetzt drücken Sie, so fest Sie können, zusammen. Sobald Ihnen das unangenehm wird, lassen Sie aus und fühlen die Entspannung. Ein angenehmes Gefühl, nicht wahr?

Sie fühlen sich oft so wie das Handgelenk zwischen Daumen und Zeigefinger, wenn Sie fest zudrücken? Dann ist es wirklich Zeit zur Entspannung, am besten gleich!

Übung
Setzen Sie sich ganz entspannt hin und atmen Sie tief durch. Dann kreisen Sie mit dem Kopf dreimal nach rechts und dreimal nach links und lassen dabei mit geschlossenen Augen positive innere Bilder aufsteigen. Bleiben Sie einige Minuten in dieser total entspannten Haltung und genießen Sie das wohlige Gefühl.

Zur Stärkung des körperlichen Immunsystems gelten Vitamine und Spurenelemente als Klassiker, zur Stärkung

des psychischen Immunsystems sind Lachen, Humor und Fantasie die wahren Wundermittel. **»Die Fantasie tröstet die Menschen über das hinweg, was sie nicht sein können, und der Humor über das, was sie tatsächlich sind.«** (Albert Camus) Ein Mensch, der ein intaktes psychisches Immunsystem hat, ist wohl weitgehend gegenüber negativen »Gedankenviren« resistent. Lassen Sie schlechte Gedanken und Launen daher nur kurz zu und aktivieren Sie sofort Ihre positive Lebensenergie.
Jetzt werden Sie sicher sagen: »Und wie soll ich das machen? Der hat leicht reden!« (In dem Fall schreiben.) Und ich sage Ihnen: »Probieren Sie es ganz einfach aus!« Es geht in Wirklichkeit nur darum, täglich ganz bewusst und wenn möglich konsequent ein paar entspannende Techniken anzuwenden.

Übung
Legen Sie mehrmals pro Tag Minipausen ein, die nicht länger als eine Minute dauern müssen, und konzentrieren Sie sich dann auf einen Gegenstand. Betrachten Sie dieses Objekt und versuchen Sie, alles andere rundherum zu vergessen. Dann stellen Sie sich eine ganz lustige Situation aus Ihrem Leben vor und lassen sich voll und ganz auf dieses aufsteigende Gefühl ein. Sie werden sehen, welche positive Wirkung diese einfache Übung hat.

Denn negative Gefühle können einem manchmal ganz schön zu schaffen machen. Zum Beispiel wenn Ihnen beim Autofahren jemand den Vorrang nimmt. Steigern Sie sich auch da nicht wie gewohnt hinein, unterdrücken Sie dieses negative Gefühl aber auch nicht, sondern kontrollieren Sie es ganz bewusst. Mit Kontrolle meine ich, darüber nachzudenken, welche Bedeutung hat dieses Ereignis in einer

Stunde oder in drei Tagen noch für Sie. Denken Sie dann, wie in der Übung vorgeschlagen, sofort an ein wunderschönes Erlebnis – und es wird Ihnen nicht schwer fallen, eines zu finden – und konzentrieren Sie sich auf diese positive Empfindung. Sie ersparen dadurch Ihrem Körper einen Angriff von negativen Stresshormonen und stärken so Ihr psychisches Immunsystem – Sie werden sehen: Es funktioniert.

Stresshormone wie z. B. Adrenalin haben keine Chance mehr. Adrenalin ist wie Noradrenalin ein Stresshormon und hatte ursprünglich die Aufgabe, den Körper zu Kampf oder Flucht zu befähigen. Adrenalin steigert in Sekundenschnelle die Herz-Kreislauf-Funktionen und versetzt das Nervensystem und das Gehirn in einen Alarmzustand. Ausgeschüttet wird das Hormon auch bei körperlicher und seelischer Belastung und löst Unruhe und Angst aus. Daher ist es so enorm wichtig, Stress und negative Emotionen möglichst gering zu halten oder sofort zu kontrollieren. Humor verträgt sich mit Adrenalin wie der Teufel mit dem Weihwasser.

13. Lachen statt streiten

Zweierlei
Ein Mensch – man sieht, er ärgert sich –
Schreit wild: Das ist ja lächerlich!
Der andre, gar nicht aufgebracht,
Zieht draus die Folgerung und – lacht.
(Eugen Roth)

»Nimm die Menschen, wie sie sind, und nicht, wie sie sein sollen«, sagte vor vielen Jahren einmal meine Mutter lächelnd zu mir, nachdem ich sie wortreich mit meinem idealen Mutterbild konfrontiert hatte. Eigentlich war es gar nicht mein eigenes Mutterbild, ich habe es vielmehr in einer psychologischen Zeitschrift gelesen und ich denke, das Mutterbild hat sich bis heute nicht viel geändert. Der Artikel war etwa folgenden Inhalts: Mütter übernehmen eine wichtige Aufgabe in der Erziehung der Kinder und tragen große Verantwortung. Aber wehe, wenn das Kind irgendwelche Auffälligkeiten zeigt, vielleicht in der Schule unkonzentriert ist oder krank wird! Denn dann gilt ganz einfach: »Die Mutter ist schuld.« Selbst wenn im späteren Leben Probleme auftreten, stellt sich unweigerlich die Frage: »Wie war denn die Mutter-Kind-Beziehung?« Egal was die Mutter gemacht hat, sie hat mit Sicherheit zu viel oder zu wenig getan, war zu streng oder zu schwach; sie war zu liebevoll und hat dadurch ihr Kind eingeengt oder hat dem Kind zu wenig Liebe gegeben und es ist dadurch auf die schiefe Bahn gekommen. Also wie und was auch immer passiert: Schuld ist die Mutter.
Ich wollte damals meine Mutter provozieren, doch der von mir mühsam inszenierte Streit hat durch ihr lächeln-

des Gesicht und den Satz »Nimm die Menschen, wie sie sind, und nicht, wie sie sein sollen« nicht mehr stattgefunden. Ich empfand ihre Reaktion als eine totale Niederlage! Viel später erst habe ich begriffen, wie sinnvoll und weise dieser Satz ist, und die Niederlage wurde für mich zu einem Sieg im Umgang mit Menschen.
Wir leben in einer alles psychologisierenden Zeit. Und gerade deswegen finde ich die Einfachheit dieses Satzes »Nimm die Menschen, wie sie sind, und nicht, wie sie sein sollen« unglaublich befreiend, denn ohne eine allzu falsche Erwartungshaltung können wir uns auf Menschen viel besser einlassen, als das vielfach der Fall ist. Wir werden weniger von ihnen verlangen, ohne dass sie uns dabei gleichgültig sind, und das scheint mir das Wichtigste zu sein. Menschen können oder wollen nicht immer das tun, was wir von ihnen erwarten. Wenn wir das nicht wahrhaben wollen, sind Missverständnisse und Konflikte unweigerlich vorprogrammiert. Wir könnten uns dadurch wirklich viele Enttäuschungen ersparen, die – und das ist unbestritten – die beste Garantie für ein unglückliches Leben sind.

Gestatten Sie mir eine Frage: Werden Sie oft enttäuscht? Wenn ja, dann überprüfen Sie doch einmal Ihre Lebenseinstellung, denn 99 Prozent unserer Erwartungen sind unrealistisch, ja wir merken nicht einmal, dass es sich um solche handelt. Wir gehen ganz einfach davon aus: Es wird und muss eintreffen, was wir uns erwartet haben, und verteidigen sogar noch diese Sichtweise – oft mit heftigen Emotionen und Streit. Aber unrealistische Erwartungen ändern den »schwierigen« Partner, das »lieblose« Kind oder den »mürrischen« Chef auch nicht. Im Gegenteil, wir fordern den Widerspruch geradezu heraus. Mit etwas Einfühlungsvermögen und einer humorvollen Sichtweise aber spüren Sie selber, wo etwas getan und verändert werden kann und wo nicht, denn Druck erzeugt immer Gegendruck.
Ihre Erwartungen sind dann unproblematisch, wenn Ihnen klipp und klar ist, dass es sich um eine Erwartung handelt, die eben noch keine Wirklichkeit ist. Wir verfallen aber immer wieder in denselben Fehler, unsere Vorstellungen bereits als Wirklichkeit zu sehen. Und diese Diskrepanz bezahlen wir teuer, Selbstzweifel, Partner- und Familienkonflikte, Stress, Depressionen und Angst sind die Folge. Versuchen Sie doch einmal, das Leben mit mehr Humor zu gestalten, und nehmen Sie die Menschen – auch wenn es manchmal wirklich schwer ist – mit einem toleranten Augenzwinkern, eben so, wie sie sind. Dadurch bauen Sie eine wunderbare Brücke zwischen Ihren Erwartungen und einer oftmals unerwünschten Realität, ohne dabei als »Verlierer« dazustehen. Und Sie reduzieren vor allem auch Ihre Möglichkeiten, enttäuscht und frustriert zu werden. Insbesondere in den Paarberatungen hat die Sichtweise »Nimm die Menschen, wie sie sind, und nicht, wie sie sein sollen« vielen Menschen geholfen, mehr Verständnis für den Anderen aufzubringen und dadurch zu einem entspannten Verhältnis zu finden.

In den Industrieländern ist in den letzten Jahren eine starke Tendenz zum Individualismus festzustellen. Was heute zählt, ist vor allem die persönliche Entwicklung, Unabhängigkeit und Selbstverwirklichung. Es ist durchaus problemlos geworden, sich von seinem Ehepartner zu trennen, es ist ganz selbstverständlich, als Single zu leben, es ist Normalität, Kinder alleine zu erziehen. Und das ist einerseits auch gut so. Anderseits hat aber diese Unabhängigkeit auch ihren Preis: Sinnverlust, Vereinsamung und Beziehungslosigkeit sind die Folge, unter der viele Menschen leiden. Das ist übrigens für mich einer der Gründe, warum Depressionen in den letzten Jahrzehnten so stark zugenommen haben, denn die Liebe zu einem Partner oder unseren Kindern ist doch die wirksamste Quelle, aus der wir den Sinn für unser Dasein schöpfen. Dieses für unser seelisches Gleichgewicht so enorm wichtige »Für-jemanden-da-Sein« beschränkt sich aber nicht nur auf die Familie.

Wir werden mit dem Gefühl der Sinnlosigkeit viel besser fertig, wenn wir sehr deutlich spüren, dass wir im Leben einer anderen Person eine Rolle spielen. Und es gibt so viele Gelegenheiten dazu, für jemanden da zu sein. Das Geheimnis liegt manchmal sogar schon hinter der nächsten Türe.

Seit dem Ende der traditionellen Gesellschaft und damit der Großfamilie wird Einsamkeit zunehmend zu einem gesellschaftlichen Phänomen. Die Mehrzahl der Haushalte in Österreich zählte um 1900 fünf oder mehr Personen. Heute, und das vor allem in Großstädten, bestehen über 50 Prozent der Haushalte aus nur einer Person. Sogar die Kleinfamilie läuft mittlerweile Gefahr, zu einem Auslaufmodell zu werden. Deswegen sind viele Menschen mit zunehmender Isolierung und Einsamkeit konfrontiert. Das Single-Dasein liegt bei ca. 10 Prozent der 30- bis 40-Jähri-

gen und bei 50 Prozent der über 60-Jährigen. Dieser gesellschaftliche Trend zur Individualisierung wird an manchen Tagen, wie z. B. zu Weihnachten, extrem stark empfunden.
Sich alleine oder einsam fühlen kann aber überwunden werden. Der sinnvollste Schritt zur Überwindung der Einsamkeit besteht darin, die Angst vor dem Neuen zu verlieren. Bekanntschaften entstehen am ehesten durch regelmäßige Kontakte zu Menschen, die in einer ähnlichen Lebensphase sind und übereinstimmende Interessen haben. Planen Sie schon jetzt, mit wem Sie den nächsten Urlaub oder das nächste Weihnachtsfest verbringen möchten. Machen Sie Angebote. Einer muss den ersten Schritt machen. Es gibt viel mehr Möglichkeiten, als Sie denken. Gründen Sie z. B. einen Lachklub. Ja, Sie haben richtig gelesen, einen Lachklub. Diese gibt es mittlerweile überall auf der Welt nach dem Vorbild des indisches Arztes Madan Kataria, dessen Motto es ist: **»Wer lustig ist, wird selten krank.«** Nur Mut! Sie finden sicher ein paar Gleichgesinnte. Dr. Michael Titze beschreibt den Effekt, der nach 30-minütigen Lachübungen eintritt, so: Die Teilnehmer fühlen sich sehr wohl und sie berichten über ein verbessertes Selbstwertgefühl, das mit einer lebensbejahenden Einstellung einhergeht.
Wenn Sie nicht in der Lage sein sollten, das Haus zu verlassen, gibt es gottlob immer wieder Menschen, die von der Psychologie völlig zu Unrecht mit der Diagnose »Helfersyndrom« bedacht werden. Gottlob gibt es auch kirchliche und staatliche Einrichtungen und gottlob gibt es ein »Licht ins Dunkel«, die alle gegen das Phänomen der Einsamkeit wirken. Wir sollten uns aber auch selber bei der Nase nehmen und achtsamer miteinander umgehen, denn auch hinter den Aggressionen gegen das Fremde, hinter sinnloser Zerstörung oder hinter vielen Ehescheidungen

wirkt oft genug das Gift der Einsamkeit – und ganz gewiss bei Jugendlichen, die dadurch nicht selten der Sucht nach Alkohol oder Drogen verfallen. Schenken Sie doch öfters ein Lächeln, sagen Sie öfters ein gutes Wort und sprechen Sie ein böses erst gar nicht aus.
Das Zusammenleben in einer Familie ist nicht immer harmonisch. Der Alltag bietet Konfliktstoff genug. Überall dort, wo es unterschiedliche Meinungen gibt, wird oft heftig gestritten. Nichts geht den Menschen so sehr auf die Nerven wie die Menschen. Intolerante Einstellungen wirken sich negativ auf das Zusammenleben in der Familie aus. Toleranz ist nicht gleichbedeutend mit Nachgeben, Toleranz ist vor allem eine wertschätzende Einstellung anderen gegenüber und das bedeutet Akzeptanz und Anerkennung. Toleranz ist daher vor allem die Harmonie über Unterschiede hinweg.
Ein eigenständiger Mensch zu sein und trotzdem eine Beziehung mit einem Partner oder einer Partnerin zu führen, ist heute mehr denn je eine große persönliche Herausforderung. Anspruch und Erwartungen an Partnerschaften sind sehr hoch, oft zu hoch. In der Praxis stellt sich immer wieder heraus, dass viele Klienten entweder in ihrer Beziehung unglücklich sind oder aber gerne eine Beziehung hätten, das heißt, sehr oft unter »Liebeskummer« leiden. Die Ursache der allermeisten Partnerschaftsprobleme entstehen meist dadurch, dass man das Gefühl hat, dass der Partner nicht immer das tut, was man von ihm gerade erwartet. Er oder sie ist nicht aufmerksam genug, nicht lieb genug, will zu wenig oder zu viel Sex, macht nicht genug im Haushalt oder für die Familie, etc. Respekt für die eigene Sichtweise, aber vor allem auch für die des Anderen ist die beste Voraussetzung für eine gute Partnerschaft – eine Brücke, die meiner Meinung nach nur mit sehr viel Toleranz und Humor zu schlagen ist.

Nicht nur in Österreich werden immer mehr Ehen geschieden. Mittlerweile gehören Scheidung und Trennung zur alltäglichen Lebenserfahrung und sind für beide Partner oftmals die einzige Lösung. Trotzdem ist eine Scheidung für alle Beteiligten ein einschneidendes Ereignis. Besonders Kinder reagieren mit Verlustangst und begreifen schwer, dass ihre Eltern nicht mehr gemeinsam für sie da sind. Wie man damit fertig wird, ist nicht so sehr von dem Umstand der Trennung selbst abhängig, sondern sehr wesentlich von den Bedingungen vor und nach der Scheidung. Bei einer Scheidung geht es ja nicht nur um die rechtlichen Fragen, wichtig ist auch der menschliche Aspekt. Es sind nicht die Ehen, die scheitern, sondern die Menschen. Die größten Leidtragenden sind vor allem die Kinder. 18.000 Scheidungsweisen im Jahr sind enorm. Und um eine Tatsache kommt man nicht herum: Nach der Scheidung Eltern bleiben heißt, sich von der Paarebene zu verabschieden und trotzdem gemeinsam für die Kinder da zu sein, das heißt, sich auf die Elternebene zu besinnen. Kinder wollen Kontakt zu beiden Eltern. Ganz entscheidend für eine positive Entwicklung ist der Umstand, wie Paare aus ihrem Kampf zwischen Macht und Ohnmacht herausfinden. Kindern kann man viel zumuten, man muss es nur in der für sie richtigen Weise tun. Kampf, Macht und Ohnmacht aber sind das Schlimmste für Kinder.

Familien, die mit ihren Problemen nicht mehr allein fertig werden, die verletzt sind und sich gegenseitig Schuld zuweisen, können nicht mehr sinnvoll miteinander reden oder haben die Kommunikation gänzlich eingefroren. Wenn ein inner- oder zwischenmenschlicher Konflikt besteht, den man alleine nicht mehr bewältigen kann, ist professionelle Hilfe durchaus ratsam. Die Mediation soll Paaren dabei helfen, mit Hilfe des Mediators aus der Emotionalität herauszufinden und auf der Sachebene Lösungen zu suchen, bei denen beide Partner das Gefühl haben, etwas zu gewinnen. Das schafft eine Ausgangssituation, die auch für Kinder unglaubliche Vorteile bringt und später eine positive emotionale Kommunikation viel leichter möglich macht. Erfahrungsgemäß sind Paare und deren Kinder, die eine Mediation in Anspruch nehmen, nach der Trennung weniger verbittert. Und das ist eine Voraussetzung, viel schneller positive Emotionen erleben zu können.

Scheidung ist immer ein Prozess zwischen einer emotional-psychologischen und juristisch-gerichtlichen Welt. Gerade für die Bewältigung einer solch schwierigen Phase ist es wichtig, auch den positiven Stimmungen Raum zu geben und dadurch Perspektiven der Hoffnung zu eröffnen. Denn wo Menschen nicht mehr weiter wissen und an ihre seelischen Grenzen stoßen, kann gerade eine möglichst entspannte Haltung aller Beteiligten viel menschliches Leid verhindern.

In unserer scheinbar toleranten Gesellschaft haben Menschen große Schwierigkeiten, sich mit ihren Eifersuchtsgefühlen auseinander zu setzen, weil wir nie gelernt haben, mit Emotionen umzugehen. Eifersucht gehört aber bei Liebesenttäuschungen oder Liebesverlusten zum normalen Prozess der Verarbeitung, um diese problematischen Lebenssituationen zu bewältigen. Toleranz und Selbstsicherheit sind geeignete Strategien, um einer extremen Verlustangst zu begegnen. Lernen wir beides! Toleranz und Selbstsicherheit! »Emotionen besser verstehen« muss ein Pflichtfach an allen Schulen werden, für Leibesübungen wird ja gesorgt, für »Seelenübungen« noch nicht.

Da fast alle Menschen im Laufe ihres Lebens mehrmals Liebeskummer erleben und aus den verschiedensten Gründen mit einer derartigen Situation nicht immer fertig werden, sollte man unbedingt die eigene Beziehungsfähigkeit und Anspruchshaltung anschauen. Liebeskummer kann aber auch positiv gesehen werden, denn ein Leben ganz ohne »Niederlagen« führt selten zu einer reifen Persönlichkeit. Lernen Sie daher die Macht Ihrer Gefühle besser kennen, um sie dadurch auch besser in den Griff zu bekommen. Überdenken Sie das kulturell vorgegebene Modell der Liebe: Du kannst nur einen Menschen wirklich lieben, bis dass der Tod euch scheidet.

Mit Humor durchs Leben zu gehen erleichtert auf jeden Fall den Umgang mit Ihrem Partner. Streichen Sie den Satz **»Wir haben nichts mehr zu lachen«** aus Ihrem Wortschatz. Lachen Sie, sooft es geht, miteinander, das hilft tatsächlich, um sich nicht von den kleinen Unstimmigkeiten frustrieren zu lassen. Verlassen Sie sich nicht nur darauf, dass heitere Situationen von selbst vorkommen, sondern planen Sie wieder einmal einen Spielabend und spielen Sie »Mensch ärgere dich nicht«, lesen oder erzählen Sie Witze oder besuchen Sie gemeinsam eine Kabarettvorstellung. Sie werden sehen, Ihr Partner oder Ihre Kinder können sich dem nicht entziehen und das Zusammenleben wird sich dadurch dauerhaft verbessern.

14. »Der Heitere ist Meister seiner Seele«

Schon im vorigen Jahrhundert erkannte die Wissenschaft die äußerst positive Wirkung von Humor und Lachen auf Psyche und Körper. In seinem Buch »Der Witz und seine Beziehung zum Unbewussten« war für Sigmund Freud der Witz die Relativierung zum Leid und ein Königsweg zum Unbewussten. Bei Alfred Adler, Viktor Frankl, Paul Watzlawick, später Michael Tietze und Willibald Ruch, Erwin Neuwirth und anderen spielt Humor eine große Rolle in der Therapie. Aber auch viele Philosophen haben uns immer wieder dazu ermahnt, eine Kultur der Freude zu entwickeln. Und es geht einerseits genau um diese Relativierung zum Leid, das in dieser Welt existiert, andererseits geht es um eine prinzipiell positive Lebenseinstellung. Wir Menschen haben von der Natur eine wunderbare Möglichkeit mitbekommen, das Leben zu nehmen: Wir können lachen. **»Wenn ein Tier einen tiefen Schmerz fühlt, dann schreit es. Der Mensch – als einziges Lebewesen dieser Erde – hat noch eine zweite Möglichkeit: Er kann lachen.«** (Scholem Alejchem)

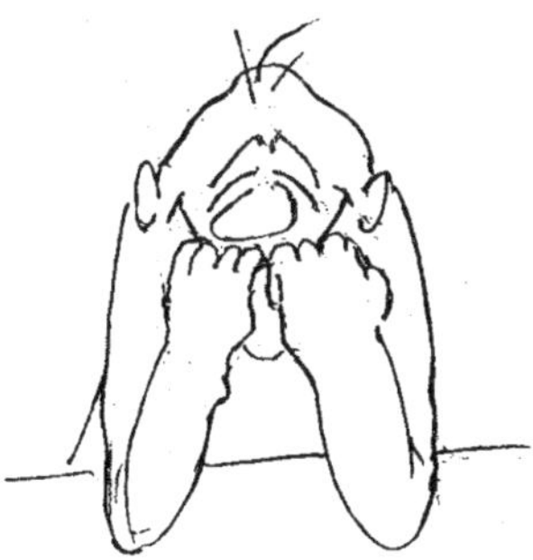

Denken Sie zum Beispiel an den »Leichenschmaus« nach einem Begräbnis, wo oft gelacht wird. Und das ist durchaus nicht pietätlos, sondern hilft den Menschen, mit so einer belastenden Situation besser umzugehen. So wird auch noch den traurigsten Aspekten des Lebens eine humorvolle und lebensbejahende Seite abgewonnen.

Sie werden schon bemerkt haben, ich verwende gerne die Begriffe einerseits und andererseits oder wie schon die alten Römer sagten: Non solum, sed etiam. Aber der Gedanke des »Nicht-nur-sondern-auch« ist ein sehr weiser und kommt in unserer abendländisch-christlichen Kultur meiner Meinung nach viel zu kurz. Unsere Tradition kennt die einfache Unterscheidung zwischen Gut und Böse oder Freund und Feind. Gerade ist die Welt wieder einmal dabei, sich auf eine Achse des Bösen zu konzentrieren. Das macht es nur scheinbar sehr einfach, auf der richtigen Seite zu stehen, ist aber in Wirklichkeit eine Quelle des Hasses und der Angst. Auf der einen Seite die Guten, auf der anderen Seite die Bösen und alle glauben daran, dass nur sie Recht haben.

Wir kennen dieses Gefühl sehr genau aus unserem eigenen Leben: Ich bin gut und du bist böse und dann gibt es »Krieg«. Unzählige solcher »Kriege« finden tagtäglich zwischen Menschen statt und in der Regel baut man dann eine Brücke zwischen »Gut und Böse«. **»Ich weiß nicht, mit welchen Waffen der 3. Weltkrieg geführt werden wird; aber der 4. Weltkrieg wird mit Stöcken und Steinen geschlagen werden«**, sagte Albert Einstein. Verhindern wir sie beide, indem wir zu Brückenbauern werden. Es ist ein Kardinalfehler, wenn wir uns nicht alle als Brückenbauer sehen. Der brückenlose Weg ist ein gefährlicher. Bauen wir Brücken überall dort, wo Intoleranz herrscht.

Zu oft aber eskaliert die Lage. Die meisten Gewaltverbrechen passieren innerhalb der Familie, Mobbing wird zunehmend in der Arbeitswelt zu einem ernsthaften Problem – und eine Ursache ist immer wieder aufgestauter Hass.

Der Hass ist eine menschliche Eigenschaft, die in allen Kulturen, Religionen und Beziehungen eine erhebliche Rolle spielt. Es ist daher für jeden von uns eine zentrale Frage, wie wir mit diesem Phänomen umgehen. Besonders gefährlich ist der Hass in der Erziehung unserer Kinder, er wird oft unbedacht vorgelebt, ja geradezu eingepflanzt. Lieblose Formulierungen wie »Trottel«, »blödes Arschloch« und »feige Sau« liefern genügend Zündstoff für eine menschenverachtende Haltung. Und wenn der Hass dann zum Beispiel politisch oder religiös geschürt wird, trifft er auf ein bekanntes und vertrautes Muster – die Folgen kennen wir. Der österreichische Dichter Ferdinand Raimund lässt in seinem Zaubermärchen »Der Bauer als Millionär« die »Zufriedenheit« den »Hass« überwinden. Lassen Sie doch dieses Märchen öfter wahr werden.

Humorlosigkeit – also wenn jemand so gar »keinen Sinn für Humor« hat – verhindert, dass wir die vielen komischen Vorkommnisse, die jeden Tag passieren und eine Quelle der Zufriedenheit sind, gar nicht erst wahrnehmen. Wir ärgern uns im wahrsten Sinne des Wortes lieber zu Tode. Die Psychoneuroimmunologie liefert immer mehr Beweise dafür, dass negative Gefühle wie Ärger, Zorn und Wut als wesentliche Risikofaktoren bei der Entstehung von Herz-Kreislauf-Erkrankungen sind. Das Leben ist eben eine ernste Angelegenheit, die Konvention hat das Komische weitgehend verbannt, obwohl – und auch das ist bemerkenswert – es keine menschliche Kultur ohne das Komische gibt.

Heitere Gelassenheit und eine humorvolle Lebenseinstellung sind die besten Voraussetzungen für seelisches Wohlbefinden und können daher als Schlüssel zu einem angenehmen Leben angesehen werden. **»Lachen ist die billigste und effizienteste Wunderdroge – eine universelle Medizin.«** (Bertrand Russell) Das Wort »lassen« kommt in »Ge-lassen-heit« vor und zeigt schon, dass wir vielleicht, anstatt alles zu machen, zumindest einmal darüber nachdenken könnten, was wir alles weglassen könnten. Und Ge-lassen-heit müssen wir –, ein Leben lang trainieren.

Es gibt dafür viele Möglichkeiten. Eine Möglichkeit ist, sich mit der eigenen Persönlichkeit in der Form auseinander zu setzen, dass man bekannte Reaktionen auf bestimmte Reize verändert. Wenn Sie sich zum Beispiel normalerweise ärgern, weil Ihr Partner immer zu spät kommt, reagieren Sie doch einmal völlig anders, umarmen Sie ihn und sagen Sie mit einem Lächeln: »Ich freue mich, dass du da bist!« Auch wenn Ihnen das jetzt beim Lesen unmöglich erscheint, probieren Sie es bei der nächsten Gelegenheit – und die kommt bestimmt – aus. Sie werden sehen: Es geht einfacher, als Sie glauben. Positive Reaktionen scheinen paradox zu sein, wenn wir uns ärgern, und fallen uns daher besonders schwer. Aber gerade in solchen Situationen wären ein Lächeln oder ein versöhnliches Wort viel hilfreicher. Sie werden Ihre Umgebung völlig überraschen, wenn Sie nicht wie immer reagieren. Ich versichere Ihnen, das wirkt wahre Wunder und trägt sehr zu Ihrer eigenen Zufriedenheit bei.

Eine andere Möglichkeit, mit heiterer Gelassenheit schwierige Situationen zu entschärfen, finden Sie beim Autofahren, denn das »Schlachtfeld Straße« wird immer brutaler. Geschwindigkeitsbeschränkungen fallen dem Drang, früher am Ziel zu sein, zum Opfer. Eine brutale Rücksichtslosigkeit lässt auch immer mehr Kinder »unter die Räder« kommen. Ungeachtet aller Vernunft gilt die Devise: »Jetzt komm ich!« Der Tempowahn führt nicht nur zu Auffahren, Drängeln, Hupkonzerten und riskantem Überholen, sondern auch zu viel persönlichem Leid. Denken Sie nur daran, wie viele Menschen täglich in Unfälle verwickelt sind. Die Medien berichten täglich über Tote und Verletzte. Die Tatsache, dass sich immer mehr Menschen unter immer größer werdendem Druck auf gleich bleibendem Raum fortbewegen, sollte keine Ausrede sein, sondern ganz im Gegenteil zu mehr Eigenverantwortung und Toleranz führen. Lachen Sie, zumindest innerlich, über rücksichtslose Verkehrsteilnehmer, anstatt sich über sie zu ärgern. Damit können Sie vielleicht das Schlimmste verhindern, weil es Ihnen die Möglichkeit gibt, nachzugeben.

Ich zum Beispiel halte mich seit Jahren an den Rat meiner Freundin: »Du musst dir vorstellen, in jedem Auto, das dir begegnet, sitzt ein Mensch, der dir unendlich viel bedeutet! Lächle ihm zu und wünsche ihm ein langes, gutes Leben.« Versuchen Sie doch auch einmal so zu denken, denn damit bewirken Sie in jedem Fall ein verringertes Potenzial für aggressives Verhalten und das ist in letzter Konsequenz nur zu Ihrem Besten.

Autofahren bedeutet aber auch vielfach »Autostehen«. Wer kennt nicht das endlose Warten im Stau. Nicht nur zur Urlaubszeit, sondern täglich ist der große Stau angesagt. Stre-

cken, für die man 20 Minuten brauchen könnte, sind oftmals in einer Stunde nicht zu machen. Und dann sind gute Nerven und Gelassenheit gefragt. Ein Ausweg ist das Handy. Man kann Termine verschieben und Wartende wenigstens informieren: Ich stecke im Stau! Der andere Ausweg ist, den Stau als Freizeit zu begreifen. Musik hören, lesen, nachdenken und entspannen, egal wann und wo man gerade sein sollte. Aggression und Nervosität schaden nur Ihnen und lösen den Stau bestimmt nicht auf.

Eine humorvolle Lebenseinstellung ist das gesündeste Ventil, um aufgestauten Stress abzulassen, reduziert viele negative Effekte des Lebens, ist ein Energiespender und, was höchst erfreulich ist, ein nebenwirkungsfreies Mittel zur Steigerung des allgemeinen Wohlbefindens. Viele Muskeln werden beim Lachen aktiviert, das wirkt wie innerliches Jogging und ist gleichzeitig Balsam für die Seele. Lachen – wir Erwachsenen haben es nur leider durch Normen und Erziehung verlernt – hat dieselbe reinigende Wirkung für die Seele wie Niesen für den Körper und wir sollten uns viel öfter trauen, auf Situationen, aus denen sich das Lachen entwickeln kann, wieder einzulassen. Und zwar aus vollem Hals und ohne Angst davor zu haben, lächerlich oder kindisch zu wirken. Kinder lachen bis zu 400-mal pro Tag, Erwachsene nur noch bis zu 15-mal. Wo sind denn die 385-mal hingekommen? Müssen wir erwachsenen Menschen wirklich so ernst sein und hat Woody Allen vielleicht doch Recht, wenn er sagt: **»Die meiste Zeit habe ich keinen Spaß und den Rest der Zeit gar keinen.«**

Eine Frau kommt zum Rabbi, völlig verzweifelt, und bittet um Rat. Sie hat keinen Spaß mehr am Leben, es ist ihr alles zu viel. Die Kinder, der Mann, vor allem die Schwiegermutter, das Geschäft, einfach alles. Der Rabbi

denkt sehr lange nach und sagt dann zu der Frau: »Es ist unbedingt notwendig, dass du eine Ziege kaufst und in die Wohnung nimmst.« Zwei Wochen später kommt die Frau völlig entnervt und am Ende ihrer Kräfte wieder zum Rabbi und sagt: »Ich kann das alles nicht mehr aushalten – was soll ich tun?« Der Rabbi denkt wieder sehr lange nach und sagt: »Gib die Ziege wieder weg.« Eine Woche später trifft er die Frau zufällig und fragt, wie es ihr gehe. »Wie im Himmel auf Erden«, sagt die Frau.

Diese Geschichte ist alt und doch trifft sie unser heutiges Leben sehr gut. Wir halsen uns immer noch mehr auf, ganz egal, wie es uns tatsächlich geht. Und ich vermute, zeitweise haben wir alle so eine »Ziege« zu Hause. Vielleicht denken Sie einmal ernsthaft nach: Was kann ich weggeben, um mich wie im Himmel auf Erden zu fühlen und dadurch zu einer heiteren Lebenseinstellung zu finden?

»Bleib immer Kind im Herzen, weil Kinder glücklich sind« – die Lachforschung zeigt sehr deutlich, wie viel

Wahrheit in diesem Spruch liegt, hat man sich erst einmal bewusst gemacht, wie gut das Lachen tut. Auch wenn Ihnen oft wirklich nicht zum Lachen zumute ist, lachen Sie trotzdem: So paradox das auch klingen mag.
Nach einem Lachanfall geht es einem wirklich besser. Außerdem transportieren die Lungen beim Lachen drei- bis viermal so viel Sauerstoff wie normal. Und Norman Cousins hat in seinem Buch »Der Arzt in uns selbst« beschrieben, dass Menschen sogar viel weniger Schmerzen spüren, wenn sie lachen. Er hat das am eigenen Leib erfahren, Anlass dazu war seine Krankheitsgeschichte. Er litt an einer chronischen Entzündung der Wirbelsäule, die höchst schmerzhaft ist und als unheilbar gilt. Die Ärzte stuften seinen Zustand als sehr schlecht ein. Als er erkannte, dass ihm im Krankenhaus nicht mehr geholfen werden konnte, entschloss er sich kurzerhand zur Selbsttherapie. Er verließ das Krankenhaus, quartierte sich in ein Hotel ein und versuchte sich aufzuheitern und möglichst viel zu lachen. Freunde mussten ihm Witze erzählen oder heitere Geschichten vorlesen, im Fernsehen schaute er sich lustige Filme an. Cousins stellte sehr bald fest, dass zehn Minuten intensives Lachen die Schmerzen für einige Zeit verschwinden ließ. Daraufhin wurden im Krankenhaus seine Blutwerte gemessen und waren nach der Lachkur tatsächlich besser. Aber auch Paul McGhee, der als einer der bedeutendsten Lachforscher der Gegenwart gilt, weist nach, dass durch Lachen das Schmerzempfinden nachlässt, und vergleicht das Lachen in seiner Wirkungsweise mit anderen Entspannungstechniken.
Norman Cousins hat sich »gesund« gelacht. Lachen Sie möglichst viel und werden Sie dadurch erst gar nicht krank.
Entwickeln Sie ein ganz persönliches Humorprofil. Führen Sie dazu vielleicht ein Humortagebuch. Was auch im-

mer bei Ihnen eine gute Stimmung auslöst, finden Sie es heraus und tun Sie es so oft wie möglich. Also bei mir funktioniert es mit »Dick und Doof« am besten. Was mich aber besonders am Humor fasziniert, er ist nicht nur an Witze, Filme oder an andere Personen gebunden, sondern es können auch Ihre eigenen humorigen Gedanken, Erinnerungen und Vorstellungen sein, die Sie mit Ihrer Fantasie jederzeit gestalten können, um Ihre Stimmung aufzuheitern. Schließen Sie die Augen und lassen Sie lustige, aufbauende Bilder vor Ihrem geistigen Auge entstehen, die immer eine entspannende und heitere Auswirkung haben. Dadurch wird Ihnen die Welt in einem völlig anderen Licht erscheinen. **»Wir sehen die Dinge nicht, wie sie sind: Wir sehen sie, wie wir sind!«** (Talmud)

Lachen und Körper

Lachen fördert das physische Wohlbefinden durch eine positive Grundstimmung bei regelmäßiger Anwendung über einen längeren Zeitraum hinweg.

Lachen begünstigt den Stoffwechsel.

Beim Lachen steigen vorerst Blutdruck und Puls, danach erweitern sich die Gefäße, Blutdruck und Puls sinken und Entspannung tritt ein.

Lachen stärkt die Immunabwehr, während des Lachens konnte ein Anstieg von Immunglobolin A festgestellt werden – ein Zeichen verbesserter Abwehrkraft.

Lachen mobilisiert die Atemfunktion, der Atem bläst mit ca. 100 Stundenkilometer aus dem Mund.

Beim Lachen wird die Atmung tiefer, Lunge und Gehirn werden besser mit Sauerstoff versorgt.

Lachen aktiviert das Herz-Kreislauf-System.

Während man lacht, kann man Schmerzen besser aushalten oder ist weniger schmerzempfindlich.

Lachen reduziert die Stresshormone Adrenalin und Kortisol.

Lachen setzt Glückshormone wie Endorphine frei, wie sie sonst nur nach langem Joggen im Blut nachzuweisen sind.

Lachen massiert das Zwerchfell und regt so die Verdauung an.

Nach dem Lachen sind verkrampfte Muskeln im Nacken und Schultern, aber auch in Armen und Beinen gelockert.

Lachen entspannt die Gesichtsmuskeln.

Lachen und Psyche

Lachen fördert das psychische Wohlbefinden durch eine positive Grundstimmung bei regelmäßiger Anwendung über einen längeren Zeitraum hinweg.

Wer lacht, ist mit sich selbst zufrieden.

Lachen ebnet psychologische Hemmschwellen.

Lachen bereinigt schwierige Situationen durch einen Perspektivenwechsel.

Festgefahrene Verhaltensmuster werden durch Humor leichter erkannt.

Lachen hilft schwierige Situationen zu meistern.

Lachen verbessert die Beziehungsfähigkeit durch eine herzliche Kommunikation.

Lachen steigert das Glücksempfinden.

Lachen und Humor am Arbeitsplatz fördern ein Klima der Offenheit. Mitarbeiter werden als kompetenter und vor allem als sympathisch wahrgenommen.

Lachen ist Erholung für das Gehirn, was in einer Zeit der permanenten Anspannung eine Wohltat ist. Eine Minute herzliches Lachen ist wie 45 Minuten Entspannungstraining.

Salutogenetische Humortherapie

Die Salutogenetische Humortherapie ist eine lösungsorientierte Kurzzeittherapie und keine Psychotherapie. Durchschnittlich sind vier bis fünf Sitzungen Erfolg versprechend, die aber nicht im üblichen 50-Minuten-Setting stattfinden. Eine Einheit dauert 2 Stunden. Besonders Personen, die nicht die Möglichkeit haben, zwei Jahre lang eine Psychotherapie zu machen, aber mit einer Lebenssituation alleine nicht fertig werden, fällt der Schritt, eine Kurzzeittherapie zu machen, viel leichter. Eine Lösungsorientierte Kurzzeittherapie ist nicht nur effektiv, sondern auch effizient. Wenn es möglich ist, dass zum Beispiel durch negative Erlebnisse oder Stress körperliche Leiden entstehen können, wie das die Erkenntnisse der Psychosomatik beweisen, so muss dies auch umgekehrt der Fall sein. Dass nämlich durch gute Laune oder positive Einstellungen die Gesundheit gefördert oder erhalten werden kann.

Humor ist ein Teil der menschlichen Persönlichkeit und wichtig zum Ausgleich negativer emotionaler Erfahrungen wie Angst, Wut und Ärger. Humor verträgt sich nicht mit dem Gefühl von Hoffnungslosigkeit und Hilflosigkeit. Durch Humor wird ein innerer Abstand zu den eigenen Problemen geschaffen und dadurch entwickeln sich ungeahnte Kräfte und die Resignation schwindet.

Es gibt kein Problem, das nicht auch eine »Positivseite« hat. Jedes Problem hat auch schon einen Lösungsansatz in sich und diesen erkennt der Klient an der Ausnahmesituation. Es gibt keine Situation, in der es nicht auch noch einen Funken Hoffnung gibt. Es gibt Augenblicke, wo die Angst oder die Depression als weniger einengend, wo der

Partner als durchaus angenehm empfunden wird. In der Therapie werden Strategien entwickelt, wie genau diese Ausnahmen zur Regel werden können, unter welchen Situationen die Klienten sich besser fühlen und wie es möglich ist, diese Ausnahmen wiederholen zu können und dann produktiv zur Veränderung von belastenden Lebensumständen einzusetzen.

Und genau da setzt die »Salutogenetische Humortherapie« an, nämlich das gesunde Potenzial des Einzelnen zu erkennen, zu stärken und in das Leben zu integrieren.

»Der Mensch bringt täglich sein Haar in Ordnung, warum nicht auch seine Seele?« (Altindische Weisheit)

Lachen als Ausdruck der Freude

Dieses Buch ist kein Ratgeber im herkömmlichen Sinn, sondern ist eine Anregung, wie Sie mit einer optimistischen und humorvollen Sichtweise Ihren Alltag gesünder gestalten und sogar mitunter über Probleme, die schwierig oder aussichtslos erscheinen, lächeln können. Obwohl es uns in vielen Belangen noch nie so gut gegangen ist wie heutzutage, kommen dem modernen Menschen das Lachen und die Lebensfreude immer mehr aus dem Sinn. Wir sind trauriger, als dies jemals zuvor der Fall war. Was ist denn bloß los mit uns?

In einer Zeit, wo Fitness und Wellness florierende Märkte geworden sind und bisweilen mehr Freizeitstress als Erholung bringen, in einer Zeit, wo psychische und physische Erkrankungen rasant zunehmen, erscheint es mir empfehlenswert, eine einfache und doch sehr wirkungsvolle Strategie zu beherrschen, um trotz all der Belastungen und Unstimmigkeiten gelassener zu werden, um sich dadurch wieder besser zu fühlen und noch dazu etwas für die Gesundheit zu tun.

Die von mir vorgeschlagenen Übungen sind bewusst einfach gewählt, um sie auch tatsächlich jederzeit und ohne großen Aufwand machen zu können. Sie sind aber nichtsdestotrotz bei regelmäßiger Anwendung sehr wirkungsvoll. Die Gedanken, Ideen und Themen zum vorliegenden Buch habe ich infolge vieler TV- und Radiosendungen und durch all die gesprochenen und geschriebenen Anregungen aus dem Gedächtnis niedergeschrieben.

Es ist nicht Ziel dieses Buches, Sie mit einer »Gebrauchsanleitung« zu einem besseren Leben zu »belehren« oder Ihnen zu sagen, dass Sie bisher vielleicht alles falsch gemacht haben. Nein, ganz und gar nicht. Aber es würde mich freuen, wenn Sie Tipps finden und diese dann auch tatsächlich erfolgreich in Ihr Leben integrieren können, ganz nach Ihrem Gutdünken.
Über Humor und Lachen und all die positiven und negativen Facetten wie Komik, Witz, Sarkasmus, schwarzer Humor etc. gibt es seit der Antike viele Abhandlungen – philosophische und mittlerweile auch wissenschaftliche. Ich setze Ihr Einverständnis voraus: Humor wird in diesem Buch als »heilsamer Humor« verstanden und Lachen als ein Ausdruck der Freude.

Andreas Kienzl
Baden bei Wien

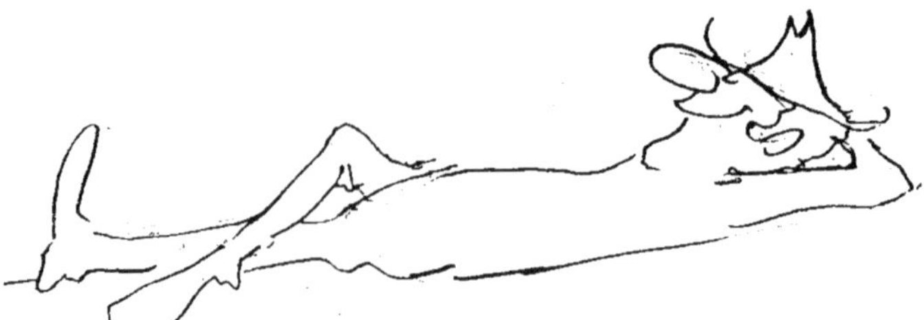

Andreas Kienzl

Humortherapeut, Coach, Diplom-Lebensberater und Kolumnist, studierte Kommunikationswissenschaften, Musik und Schauspiel und beschäftigte sich während seiner gesprächs-psychotherapeutischen Ausbildung und der damit verbundenen klinischen Praxis in erster Linie mit der positiven Wirkung von Humor und Lachen auf den menschlichen Organismus. 1996 gründete er das Institut für Vital-Empowerment (www.ive.at) und ist seither in freier Praxis tätig. Regelmäßiger Gast in der »Wellness-Stunde«, ORF-Radio Niederösterreich, wöchentlich in »Willkommen Österreich« mit dem Beitrag »Wenn die Seele Hilfe braucht«.

Sie erreichen Andreas Kienzl über:
Institut für Vital-Empowerment www.ive.at
Health + Life Gesundheitsmanagement GmbH
www.hlm.at

Andreas Kienzl